CB122973

DESCULPABILITY

João Cordeiro

Do mesmo autor de *Accountability*

DESCULPABILITY

Elimine de vez as desculpas

e entregue resultados excepcionais

editora évora.

Presidente
Henrique José Branco Brazão Farinha
Publisher
Eduardo Viegas Meirelles Villela
Editora
Cláudia Elissa Rondelli Ramos
Preparação de texto
Betty Vidigal
Gabriele Fernandes
Revisão
Vitória Doretto
Ariadne Martins
Diagramação
Daniele Gama
Pesquisa de conteúdo
Betty Vidigal
Capa
Ivan Roman
Imagens de capa e miolo
Laurant Cardon
Impressão
Assahí

Copyright © 2016 *by* João Cordeiro
Todos os direitos reservados à Editora Évora.
Rua Sergipe, 401 – Cj. 1.310 – Consolação
São Paulo – SP – CEP 01243-906
Telefone: (11) 3562-7814/3562-7815
Site: http://www.editoraevora.com.br
E-mail: contato@editoraevora.com.br

DADOS INTERNACIONAIS PARA CATALOGAÇÃO NA PUBLICAÇÃO (CIP)

C819d

Cordeiro, João
Desculpability : elimine de vez as desculpas e entregue resultados excepcionais / João Cordeiro. - São Paulo : Évora, 2015.
196 p. ; 16 x 23 cm.

Inclui bibliografia.
ISBN 978-85-8461-048-8

1. Comportamento organizacional. 2. Sucesso nos negócios – 3. Pessimismo. I. Título.

CDD – 658

JOSÉ CARLOS DOS SANTOS MACEDO – BIBLIOTECÁRIO – CRB7 N. 3575

Dedicatória

Dedico este livro à Débora Zonzini, minha esposa e sócia. Sempre disposta a me ajudar noites adentro, aos sábados e domingos, ela teve um papel fundamental na construção dos argumentos e na revisão final dessa obra. Dedico também aos meus filhos, Pedro e Luiza, por me ensinarem o tempo todo que, para transmitir Accountability Pessoal à geração *millenium* é necessária muita persistência, paciência e, principalmente, que é muito gratificante.

Agradecimentos

Um livro é resultado do esforço, da cumplicidade de várias pessoas e jamais apenas do autor. Fui ajudado por muita gente, agradeço a todos de coração e faço questão de mencioná-los.

Betty Vidigal: pela preparação do texto, correções gramaticais, pesquisas e por discordar várias vezes das minhas opiniões.

Cisso (Darcio Klaus): pelo *insight* criativo ao elaborar a palavra Desculpability, a qual surgiu espontaneamente durante um workshop na Arezzo.

Eduardo Villela: pelas orientações técnicas em como desenvolver um livro e pelo encorajamento para eu continuar escrevendo.

Eugenio Mussak: pelo incentivo e pela prontidão imediata para escrever um belo prefácio.

Laurant Cardon: pelas belíssimas ilustrações e pela paciência com as intermináveis correções e com os ajustes que eu solicitei em cada um dos desenhos.

João Bemvenutti: por ter me apresentado o conceito Accountability em 2000 e por ter me aceito como seu *mentee*.

José Salibi: por ter me encorajado e decidido escrever a apresentação do livro.

Faço um agradecimento especial para as pessoas as quais não posso mencionar os nomes, mas que confiaram a mim suas histórias pessoais e me autorizaram a publicá-las.

Prefácio

Eu não encontrei desculpas... Quando o João Cordeiro me convidou para escrever o prefácio do seu novo livro, não tive como negar. Aliás, aceitei com alegria, certo de que teria, em primeira mão, uma leitura agradável e útil. Seu livro anterior, *Accountability*, me autorizava a pensar assim.

O que eu não sabia é o quanto eu seria, mais uma vez, impactado pela apresentação clara, didática, simples e consistente deste pensador sobre temas de gestão e comportamento, que se transformou em um paladino da responsabilidade em todos os ambientes – lares, escolas, empresas, política, sociedade.

Sua mensagem é direta: ou você possui Accountability Pessoal, a virtude moral que nos faz sentir, pensar e agir como verdadeiros protagonistas de nossa própria história e da história do mundo; ou você, em sua trajetória, lança mão de doses crescentes de Desculpability, a qualidade dos que jamais enxergam em si mesmos os motivos para seus fracassos – a culpa sempre é do mundo, das circunstâncias, do mercado, do patrão, dos outros, enfim.

É claro que o autor, responsável que é, não cede ao maniqueísmo fácil. Usa essas categorias para direcionar nosso pensamento, sem desconsiderar a gama de variações existentes entre esses dois extremos, identificadas, às vezes, na mesma pessoa em circunstâncias ou tempos diferentes de sua vida.

Conhecedor profundo da psicologia humana, João nos alerta para o fato de que, por natureza, o homem tende a transferir responsabilidades com o intuito de se preservar, e que, portanto, a disposição para assumi-las, elevando assim sua qualidade de pessoa, de profissional e de líder, é algo a ser aprendido e incorporado. Abusando da metáfora digital, diz que a Desculpability é um *firmware*, o programa que vem instalado de fábrica (nascemos com ele), enquanto a Accountability é um aplicativo que deve ser baixado e instalado (por nossa livre iniciativa).

Essa é a razão deste livro, bem como do *Accountability*, que o precedeu – a crença profunda do João Cordeiro na evolução do ser humano. A capacidade de aprender, de se desenvolver, de buscar o aprimoramento são sim inerentes ao humano, desde que tocado pelo dedo mágico da educação significativa. Ao estimular pessoas a assumirem responsabilidades deixando as desculpas de lado, o autor está dando a maior contribuição que um educador pode dar a um discípulo – a autonomia.

As teorias aqui apresentadas são acompanhadas de histórias reais, casos fantásticos de pessoas que mudaram seus próprios destinos e os de muitas outras pessoas através da atitude certa, do não conformismo, do sonho grande, da liderança autêntica. Além de inspirar, essas histórias mostram um caminho. O caminho da Accountability.

Examinando essas histórias e outras, retiradas de meu próprio acervo de vida, percebo um traço comum entre as pessoas dotadas de Accountability Pessoal. Todas têm apreço pela liberdade. Amam o ato de dirigir as próprias vidas de acordo com seus desejos e suas crenças. Talvez por isso haja aqueles que preferem não assumir responsabilidades, delegando-as aos demais. Eles têm medo da liberdade.

A liberdade pode ser sim assustadora quando não estamos preparados para exercê-la. Quando somos adolescentes já sequiosos da conquista, mas ainda receosos da responsabilidade. Essa é uma marca da imaturidade, a ser corrigida com a construção de uma personalidade estruturada. Entretanto, por obra da paternidade irresponsável, da docência despreparada, da liderança inconsistente, da política populista e do estado paternalista, esse traço pode se perpetuar, e vemos, então, adultos infantilizados, dependentes, insuficientes.

Sorte a nossa de poder contar com educadores como o João Cordeiro, que nos fazem pensar por meio do uso das palavras certas, colocadas com precisão e coragem, embasadas em estudo e vivência, e que têm, portanto, o poder de comover nosso espírito a ponto de nos tornar mais responsáveis, portanto, melhores.

Eugenio Mussak

Professor, palestrante e autor de livros

A APRESENTAÇÃO QUE EU ME RECUSEI A ESCREVER

Estávamos, o João Cordeiro e eu, tomando um café em Washington, quando ele me convidou para escrever a apresentação do seu novo livro, intitulado *Desculpability*. Falando francamente, recusei. Não tinha gostado do tema das desculpas, que me pareceu um tanto negativo.

Julguei que o João, com sua expertise em gestão de pessoas, poderia escrever sobre temas mais interessantes e mais otimistas.

E assim nos despedimos e eu segui viagem para a Sardenha, onde passaria minhas férias. Mas meu pensamento me transportou para o Brasil, mais precisamente para a Barra do Una, no litoral de São Paulo.

Era o verão de 1986, o sol estava escaldante e eu ganhava a vida ensinado as pessoas a jogarem tênis. No caso, tinha passado o dia na casa do Pierre Loeb, famoso joalheiro, dando aula aos seus convidados.

No final da tarde, depois de seis aulas, quase morto de cansado, não pude recusar o pedido de Pierre de dar mais uma aula, dessa vez ao seu amigo Ronald. Dividido entre a ideia de fazer o mínimo para me poupar ou me esforçar e dar o melhor de mim, acabei escolhendo a segunda, como é do meu feitio. Ronald ficou impressionado com o tanto que conseguiu aprender em uma única aula. Elogiou, agradeceu, perguntou do meu trabalho e demonstrou interesse pelos meus planos para o futuro.

Contei a ele do sonho da HSM, que compartilhava com meu sócio Harry. A ideia era construir uma empresa de eventos corporativos, com o propósito de trazer palestrantes internacionais para falar aos executivos brasileiros. A HSM já existia no papel havia pelo menos seis meses, mas era difícil torná-la realidade, o Brasil estava recém-saído da ditadura militar, com a inflação a 80% ao mês, a moeda desvalorizada e sem qualquer possibilidade visível de crédito.

Após escutar atentamente o meu relato, Ronald manifestou seu entusiasmo pelo meu negócio e interesse de investir para concretizá-lo. Até então, não sabia quem era o Ronald. Era ninguém menos do que Ronald Winston, presidente da Harry Winston, a maior rede de joalherias do mundo. Investiu 10 mil dólares na nova empresa, algo equivalente a 20 mil dólares de hoje. E sete meses depois, em agosto de 1986, a HSM fazia seu primeiro seminário com Richard Copaken, palestrante indicado por Ronald, especialista em lobby.

E pensar que eu poderia ter dado uma aula preguiçosa, usando como desculpa o calor e o cansaço, e a HSM não seria o que é hoje, talvez nem existisse. Assim como o empresariado brasileiro talvez não tivesse a oportunidade de ouvir palestrantes do naipe de Peter Drucker, Philip Kotler, Michael Porter, Jack Welch, Al Gore, Rudolph Giuliani, Tom Peters, Ram Charan, C. K. Prahalad, John Davis e tantos outros pensadores que ajudaram a mudar a forma de pensar dos empresários e executivos do país.

E talvez eu não tivesse descoberto o que me levou a fazer a escolha que eu fiz, própria de um modelo mental que nos leva a fazer sempre melhor do que o possível. É disso que trata o *Desculpability*, esse antivalor da Accountability Pessoal, o primeiro livro que coloca as desculpas em uma estrutura e que ajuda as pessoas a não desistirem dos seus propósitos.

Na Sardenha refleti sobre a nossa conversa em Washington e vi que o conceito Desculpability é realmente poderoso. Sem desculpas e com muita alegria, aceitei o convite para escrever essa apresentação, que poderia não ter escrito.

Na minha opinião, o João Cordeiro é um dos maiores experts em gestão de pessoas no Brasil e este livro é um presente para todos nós.

José Salibi Neto
Cofundador da HSM

Sumário

Introdução

Em uma fazenda, havia, ao lado da casa dos senhores, um paiol, no qual moravam cinco amigos – um rato, uma cobra, uma galinha, um porco e uma vaca. Eles se davam muito bem, viviam em perfeita harmonia como um verdadeiro time, sob a liderança enérgica da cobra, que, apesar de ser muita agressiva e venenosa, jamais agredia seus amigos. Um dia, o rato entrou muito agitado e assustado. Convocou todos para uma reunião de emergência com a pauta de um único tópico: alerta geral! Uma ratoeira foi instalada na cozinha da casa dos senhores!

Muito agitado, sem deixar os demais falarem, ele contou que a senhora da fazenda havia acabado de instalar uma ratoeira em um canto escuro da cozinha, explicou a todos como funcionava essa terrível armadilha, a qual já tinha ouvido dizer. Explicou que essa armadilha atraía suas vítimas com um delicioso pedaço de queijo. Detalhou seus riscos e os danos que uma arma como essa poderia causar a quem, por azar, ficasse preso nela. Quando terminou de falar, todos os seus amigos caíram na gargalhada. A galinha, engasgada de tanto rir, disse que não comia queijo e que o problema não era dela, só dele, o rato. O porco, também rindo, disse que, mesmo que ele pisasse na ratoeira, sairia andando como se nada tivesse acontecido, por ser protegido pelos seus cascos, e que não se preocuparia com isso. A vaca ironizou dizendo: "Ah, muito obrigada pelo alerta, agora que você me avisou vou tomar muito cuidado por onde eu piso!" A cobra terminou de rir e imediatamente deu uma bronca no rato por tê-la acordado para dar uma notícia tão besta e que não interessava a ninguém.

O rato ficou desconcertado e não tocou mais no assunto. Uma noite, a cobra estava xeretando a casa dos senhores, não viu a ratoeira e seu rabo acabou ficando preso na armadilha. Na manhã seguinte, a senhora, ao entrar na cozinha, tomou um susto ao ver uma cobra enorme enrolada na ratoeira e foi buscar um pedaço de pau para tentar destravar o instrumento e libertar a serpente. A cobra, que já estava de muito mau humor por ter passado a noite toda presa, achou que a senhora iria matá-la e preparou um ataque de defesa. Assim que a senhora se aproximou, a cobra deu um bote e mordeu a mão dela. A mulher deu um grito de dor e acordou seu marido, que, ao chegar correndo na cozinha e ver aquela situação, não teve dúvida, pegou seu facão e matou imediatamente a cobra. Como a cobra era venenosa e o senhor da fazenda sabia disso, foi procurar um médico na vila mais próxima. Esse, assim que chegou, examinou a senhora, fez curativos, aplicou soro e apresentou a sua conta. O fazendeiro, que estava sem a quantia em dinheiro, ofereceu como pagamento um dos seus animais, o porco. O médico aceitou. Então, o fazendeiro pegou o facão, foi até o paiol e matou o porco. Fatiou-o e preparo-o para ser levado pelo médico. Ao se despedir, o médico deixou uma lista de recomendações, entre elas a de que a senhora deveria ficar em repouso e ter uma alimentação leve. "Que tipo de alimentação leve?", o fazendeiro perguntou. E o médico respondeu: "Canja de galinha!". Assim, o fazendeiro pegou o facão, foi até o paiol, matou a galinha e preparou uma bela de uma canja. Passado um mês de tratamento, a senhora da fazenda se recuperou e o seu marido, muito feliz, resolveu dar uma festa, convidou os vizinhos e o médico. A senhora, animada com a comemoração, pediu ao marido que preparasse para os convidados um churrasco. Então, o senhor pegou o facão, foi até o paiol, matou a vaca e preparou um belo churrasco. O rato ficou morando sozinho no paiol.

Não existe essa história de "esse problema não é meu". Somos um só e tudo nos afeta direta ou indiretamente. O problema de segurança pública da cidade do Rio de Janeiro não é apenas dos moradores daquele estado, é também dos paulistas e dos mineiros porque o que for feito lá, terá consequências nos estados vizinhos. O problema da seca do Nordeste não é apenas dos nordestinos. A consequência das condições de vida lá, afeta os moradores do Sudeste porque incide na migração de parte da população que mora no sertão para a região Sul. O corte de árvores no Pará impacta na redução da intensidade de chuvas nas regiões de Mato Grosso do Sul e São Paulo, tese comprovada pelo estudo Rios Voadores[1].

[1] Rios Voadores: projeto de pesquisa conduzido em 2007 por Gérard Moss, no qual ele comprovou que a umidade do ar produzido pelas árvores do Pará e da Amazônia é levada pelos ventos do Atlântico em direção ao Pacífico, sendo desviado pela Cordilheira dos Andes em direção ao Brasil, principalmente sob os estados do Mato Grosso do Sul e de São Paulo. Disponível em: <http://riosvoadores.com.br/o-projeto/>. Acesso em: 21 out. 2015.

O problema dos refugiados causado pelas guerras civis na Síria e no Iraque não é somente da Itália e da Grécia, principais países de entrada deste êxodo, mas é também do restante da Europa, principalmente da Alemanha e da França, e irá provocar mudanças na política de imigração da Comunidade Europeia. O estilo de depilação das brasileiras, que ficou conhecido com o nome de Brazilian Wax, refletiu na enorme queda do piolho de púbis, popularmente conhecido por "Chato", nas americanas e nas australianas, de acordo com a reportagem da revista Bloomberg[2].

Desculpability é o hábito de criar desculpas, de culpar os outros e de achar que o problema dos outros não é nosso. É o contrário de Accountability Pessoal, que é o pensar, agir como dono e entregar resultados excepcionais, tema abordado no meu primeiro livro – *Accountability: a evolução da responsabilidade pessoal.*

O tema Desculpability é atual e muito importante para todos nós, cidadãos que esperam ver um país melhor, e especialmente para as organizações, cujos resultados são frequentemente abalados por líderes que sistematicamente não batem suas metas, e que comprometem assim o planejamento estratégico da alta gestão e as expectativas dos acionistas.

Neste livro, você vai saber como identificar rapidamente a ação da Desculpability no indivíduo ("Capítulo 2: Pessimistas de plantão"), como ela é gerada na mente das pessoas, suas facetas e a relação direta que a Desculpability tem com desvio de conduta no indivíduo.

No "Capítulo 3: Uma sociedade de inimigos", você vai perceber que a Desculpability no coletivo é bem diferente da Desculpability individual. No coletivo ela age de forma amplificada em função do seu processo de contágio, se autoalimenta, tornando-se bem mais agressiva, além de ser um gatilho para disparar a corrupção. Esse conceito é fundamental para um líder que precisa reverter um ambiente contaminado pela cultura de desculpas.

Atuando como palestrante e coach em empresas de alta performance, identifiquei um conjunto de dez iniciativas fundamentais de alto desempenho que, se implantadas corretamente, irão acelerar a velocidade da sua empresa

2 Bloomberg – Disponível em: <http://www.bloomberg.com/news/articles/2013-01-13/brazilian-bikini-waxes-make-crab-lice-endangered-species-health>. Acesso: 22 abr. 2015.

("Capítulo 9: Como a alta performance derrota a Desculpability"), e, com os três papéis da liderança, vão deixá-la em condições de mandar a Desculpability para longe ("Capítulo 10: Mande a Desculpability para a concorrência").

E no "Capítulo 11: Por onde começar? Comece com otimismo!", proponho um roteiro para você dar os primeiros passos, eliminar de vez as desculpas e entregar resultados excepcionais.

Então, pronto para eliminar de vez as desculpas no seu time e mandar a Desculpability para a concorrência?

Boa leitura!

Capítulo 1

À espera do super-homem

Ela pensou que eu estivesse chorando porque
tinha descoberto que Papai Noel não existia,
mas era porque percebi que ninguém
chegaria com superpoderes para nos salvar
e que o *Super-Homem* não existe.

Geoffrey Canada[1]

---

1 Educador americano.

ESTAMOS ANESTESIADOS E NEM PERCEBEMOS

Imagine que você é um dentista e está participando de um congresso cujo tema é Anestesia para Cirurgia Bucomaxilofacial. O cirurgião que ministra o painel apresenta a seguinte situação:

> Um paciente vai ao dentista tratar uma cárie entre o segundo e o terceiro molares inferiores direitos. O dentista habilidosamente alcança o fundo da sua boca, passa um pouco de pomada anestésica à base de xilocaína e, em seguida, aplica cloridrato de lidocaína no nervo maxilar. Tudo corre bem e a obturação é realizada. Mas, depois de sair do consultório, o paciente não consegue assobiar por cerca de trinta minutos.

Pergunta:

Por que isso ocorre se os lábios não foram anestesiados?

O palestrante pede à plateia que discuta três opções de resposta:

A. O nervo anestesiado faz parte do nervo trigêmeo[1], que tem três ramificações. Uma delas é o nervo mandibular, que se conecta com a musculatura da boca; portanto, a anestesia aplicada no trigêmeo também tem efeito na região dos lábios.

B. Ocorreu anastomose, que é comunicação entre vasos sanguíneos ou nervos da mesma natureza. Neste caso, a anestesia encontrou o seu próprio caminho até chegar à região dos lábios.

C. Apesar de a medicina ter mapeado todo o nosso sistema nervoso, nenhum ser humano é idêntico a outro, havendo pequenas diferenças na localização dos nervos. Neste caso, o dentista, mesmo sendo muito habilidoso, pode ter tocado a agulha em mais de um ponto nervoso.

Qual das três opções parece correta?

1 O nervo trigêmeo é o quinto dos doze nervos cranianos. Tem esse nome por se ramificar em três: o nervo oftálmico, o nervo mandibular e o nervo maxilar. Essa última ramificação controla a musculação da mastigação e a sensibilidade facial.

Apresentamos essa situação para três renomados dentistas[2] e segundo eles, a alternativa com a maior probabilidade de acerto é a opção A.

Mesmo não sendo especialistas nisso, todos nós temos uma noção do que significa *anestesia* na medicina e na odontologia. A palavra vem do grego e significa ausência de sensação. Esse estado pode ocorrer espontaneamente ou resultar da administração de uma droga (a que chamamos *anestésico*) injetada, inalada, ingerida ou passada na pele ou nas mucosas. O estado de ausência de sensação também pode ser atingido por hipnose, que se caracteriza pela perda de consciência e de sensações corporais acompanhada de relaxamento muscular. O prefixo *an* confere a qualquer palavra sentido inverso, contrário ao seu sentido original. *Estesia* ou *estese* é a capacidade de perceber sensações. *Anestesia* é, portanto, o oposto dessa capacidade.

Mas, se é possível anestesiar um nervo e suas ramificações, será possível anestesiar também as nossas emoções?

A resposta é sim. É uma forma de proteção. O melhor modo para nos referirmos a esse estado de torpor talvez não seja como *emoção anestesiada*, e sim *emoção adormecida*. Inconscientemente, adormecemos nossas emoções para nos proteger da "dor do mundo", como a chamava Fernando Pessoa[3].

Esse recurso, não consciente, é usado para esquecer mágoas, aliviar ofensas, elaborar perdas. É um processo de luto, sobretudo para evitar as "fortes dores emocionais" do dia a dia, que principalmente são o medo e a vergonha.

Da mesma forma que alguns nervos possuem extensões longas pelo corpo (como o ciático, por exemplo, que vai da medula na altura do quadril e ramifica-se pelas coxas e pelos joelhos até chegar aos dedos dos pés), algumas emoções também têm ligações longas, agindo sobre diversos sentimentos.

---

2 Dentistas: doutora Carmela Carneiro, CRO/SP 24119; doutor Flávio Cabral, CRO/SP 35881; doutora Renata Galante, CRO/SP 57663.

3 "A dor do mundo é grande? Talvez seja. Como não há metro para ela, não sabemos." (Fernando Pessoa, in *Obra Édita*, apud LOPES, Teresa Rita. *Pessoa por conhecer: textos para um novo mapa*. Lisboa: Estampa, 1990. Disponível em: <http://arquivopessoa.net/textos/433>. Acesso em: 29 mai 2015).

É o caso da empatia[4], que possui um desdobramento no nosso processo emocional, refletindo-se tanto nas relações individuais como nas coletivas. A empatia, canalizada para o bem[5], faz com que nos coloquemos no lugar do outro, para ouvir ativamente, com interesse em solucionar um problema ou em atender e servir bem. Nas relações individuais, ela é essencial para compreender a pessoa que está à nossa frente. É a base da receptividade, elemento fundamental para as empresas de serviço. Nas relações coletivas, a empatia fundamenta o processo de convívio em grupo, atua na cooperação, na colaboração, no trabalho em equipe e na cidadania. É o alicerce emocional da inovação, elemento importantíssimo para o mundo da alta performance.

Assim como no caso citado no início do capítulo, em que o dentista, ao anestesiar um nervo, provocou o entorpecimento de outras áreas no rosto de seu paciente, nós também adormecemos uma série de sentimentos e atitudes ao bloquear uma emoção.

Por exemplo: ao bloquear a possibilidade de ser criticado (diretamente relacionada com a vergonha) ou ao evitar uma situação em que nos sentimos vulneráveis, como uma entrevista de avaliação de performance, adormecemos nossa capacidade de percepção e compreensão de nossos próprios erros, de assumi-los e de pedir desculpas. Adormecemos, assim, a chance de desenvolver a humildade, não admitindo que precisamos de ajuda, e, portanto, adormecemos a beleza de aprender. Essa dormência inevitavelmente acarreta perdas.

Ao bloquear a aceitação de um problema para ser resolvido por nós, adormecemos nosso senso de dever, nossa preocupação com os outros, a vontade de ajudar, de nos doar. E, assim, permitimos que se instale em nós o receio,

---

[4] Empatia é a capacidade de compreender e sentir o que alguém pensa e sente em uma situação de demanda afetiva, comunicando-lhe adequadamente tal compreensão e sentimento (DEL PRETTE, *A psicologia das relações interpessoais,* 2001. p. 86). Numa outra definição, empatia é um processo de identificação em que o indivíduo se coloca no lugar do outro e, com base em suas próprias suposições ou impressões, tenta compreender o comportamento do outro (Dicionário Houaiss).
A etimologia da palavra é intrincada. Segundo o Houaiss, o vocábulo em português provém do inglês *empathy*, tradução do alemão *Einfühlung*, que por sua vez derivou do grego *empátheia* = paixão.

[5] Como toda emoção (ou, no caso, habilidade emocional) pode ser usada para o bem ou para o mal, fenômeno facilmente observado em pessoas que usam desse recurso para benefício próprio e causam sofrimento aos outros, como operadores do mercado financeiro, que propositalmente aplicam golpes, falsários, impostores e outros que usam do seu talento para enganar.

o medo de aumentar nossa responsabilidade. Tornamo-nos mais individualistas, a solidariedade fica comprometida.

Do ponto de vista do indivíduo, emoções adormecidas impactam na autoestima. Já sob a ótica da sociedade, emoções adormecidas impactam diretamente no desenvolvimento da cidadania. Do ponto de vista corporativo, atingem a habilidade de cooperar, de genuinamente ouvir feedback, que é a base do autodesenvolvimento profissional, e abraçar metas cada vez mais desafiadoras, fundamentais para a alta *performance*[6], uma exigência da nossa cultura empresarial.

Ao contrário da anestesia farmacológica, cujo efeito se atenua com o passar do tempo e se reduz gradualmente até desaparecer (quando então a sensibilidade retorna), na anestesia emocional o estado de dormência se agrava com o tempo. Inicialmente ele é reforçado pelo discurso e pelos maus exemplos das pessoas que atuam com baixos padrões de responsabilidade em três dimensões: indivíduo, sociedade e trabalho. Posteriormente, de tanto ser potencializada por esses exemplos, a dormência emocional passa a se autoalimentar das nossas próprias falas, réplicas do que os outros dizem. De tanto repetir o que ouvimos, nós nos apropriamos desse discurso.

A dormência emocional faz com que os indivíduos não se vejam como parte do problema coletivo: o problema parece sempre externo, pertence a alguém maior e distante. O problema é dos pais, do chefe, da empresa, do governo, do país, do planeta, do mau caráter da humanidade – mas nunca do próprio indivíduo.

Para essa pessoa que olha tudo de fora, como um observador externo, sem se apossar do problema, tudo parece maior e pior do que realmente é. O indivíduo se torna excessivamente crítico do seu país, do seu ambiente de trabalho e de sua vida, cego para o lado positivo dos fatos e dos acontecimentos. Esquece-se de que tudo tem um lado bom. Pode até se irritar se alguém tentar mostrar o lado positivo daquilo que ele considera ruim.

---

6 A alta performance se espelha no mundo dos esportes – nesse ambiente, os feedbacks são francos e às vezes coletivos; as metas são cada vez mais desafiadoras e o sucesso do passado não é garantia de bons resultados no presente.

No trabalho, essas pessoas pensam que estão sendo produtivas: são pontuais, comparecem às reuniões, cumprem suas metas, chegam a ganhar bônus e são promovidas. Por outro lado, falam mal da empresa e dos seus processos, queixam-se de tudo – inclusive de coisas que não podem ser mudadas – nem por elas, nem por ninguém. Quer parta dos colegas de trabalho, quer parta dos superiores, nada do que outros propõem é bem aceito. Frequentemente essas pessoas são criativas, mas não usam essa qualidade para encontrar soluções ou alternativas. Em vez disso, direcionam seus esforços de forma a aumentar ou generalizar o problema, recusando qualquer sugestão. Falam mal da empresa para sua própria equipe, mas não pedem demissão.

Como cresceram junto a pais e irmãos que também se queixam de tudo, aprenderam desde cedo a reclamar. Para eles, isso é normal. No trabalho, aproximam-se dos que falam e agem de forma semelhante. Se não encontrarem pessoas que compartilham o mesmo modelo mental, tentam converter os colegas, já que sentem que sozinhos não têm força.

O Instituto Gallup[7] considera que há três níveis para o engajamento de um colaborador: os ***engajados***, que estão realizados em seus cargos e empresas; os ***desengajados***, que não colocam paixão no que trabalham, mas fazem o que é pedido; e os ***ativamente desengajados***, que não estão contentes com seu trabalho e fazem questão de compartilhar com os colegas esse estado de espírito. Segundo matéria publicada no jornal *Folha de S.Paulo* em 2013[8], os pesquisadores do Gallup coletaram dados de 7,8 milhões de trabalhadores, em 179 países, entre 2010 e 2012. Os resultados mostram que, mundialmente, a quantidade de profissionais engajados é de 13% (no Brasil é de 27% – bom saber! Os trabalhadores brasileiros estavam, pelo menos no momento da pesquisa, mais engajados do que a média no resto do mundo. E vejam só o resultado dessa atitude: 77% dos brasileiros engajados em seu trabalho sentem que estão prosperando na vida em geral. Entre os desengajados, a proporção é de 48%).

---

7 Empresa de pesquisas de opinião com sede nos Estados Unidos.

8 FOLHA DE S.PAULO. *Brasil ocupa o 6° lugar em ranking de engajamento com o trabalho.* Disponível em: <http://classificados.folha.uol.com.br/empregos/2013/10/1356350-brasil-ocupa-o-6-lugar-em--ranking-de-engajamento-com-o-trabalho.shtml>. Acesso em: 04 set. 2015.

Os profissionais ativamente desengajados vivem e trabalham assim há tanto tempo que acreditam que esse seja o modo normal de ser e agir. Nem percebem o quanto são nocivos, quanto mal fazem a si mesmos e aos outros.

Podemos dizer que essas pessoas são Homers Simpsons. O Homer, você sabe, é aquele personagem imaturo e irresponsável de desenhos animados criado por Matt Groening para a Fox. Os profissionais ativamente desengajados são como o Homer: fogem de qualquer responsabilidade e, diante de problemas, culpam os outros ou as circunstâncias. É muito difícil, para quem convive com eles, não ser contaminado por esse modelo mental, caracterizado por desculpas como:

1. Eu não sabia.
2. Não vi.
3. Não fui avisado.
4. Já estava assim quando cheguei.
5. Sempre foi feito dessa maneira.
6. Já deu o meu horário.
7. Não é meu cliente.
8. Isso não é comigo.
9. Já enviei o e-mail.
10. Estou aguardando a resposta.
11. Não dá para fazer tudo.
12. Eles pedem tudo em cima da hora.
13. O mercado não ajuda.
14. Nós não temos bons fornecedores.
15. Não tenho uma boa equipe.
16. Estou de mãos atadas.
17. Não tenho verba.
18. Não tenho autonomia.
19. Nós não temos um bom sistema.
20. A culpa é da TI.
21. Não tenho tempo para estudar.

22. Não tive oportunidade de aprender inglês.
23. Meu chefe não tem tempo para mim.
24. De que adianta ter boas ideias se eles não me ouvem?
25. Não me dão a oportunidade de falar nas reuniões.

Essa atitude de se esquivar de qualquer responsabilidade é contagiante, espalha-se pela empresa como uma epidemia. O pior não é o gestor ouvir desculpas do seu time: o maior problema ocorre quando o próprio gestor, em vez de dar exemplo, dá desculpas!

Estamos anestesiados. E nem percebemos.

Ninguém virá nos ajudar

Desde o ano 2000, quando passei a falar sobre Accountability Pessoal nos meus workshops, a forma como explico esse conceito se alterou bastante. Fui, muitas vezes, forçado a alterar a linguagem para falar a diferentes grupos de pessoas. Assim, fui acrescentando uma palavra aqui, retirando outra ali, tentando encontrar a maneira mais simples e objetiva de traduzir o conceito, mas procurando não perder nenhum detalhe da sua riqueza, da sua essência, que é a de ser uma virtude moral. Atualmente, entendo e explico que Accountability Pessoal significa ***pensar e agir como dono, entregando resultados excepcionais.***

Accountability não é *só* responsabilidade, não é "ter iniciativa" ou "ser proativo". É muito diferente disso, é algo bem maior do que isso.

Temos que ter cuidado com traduções simplistas. As línguas diferem umas das outras em pequenas coisas. Por exemplo: costumamos nos orgulhar da palavra *saudade*, que só existe em português. Mas não é que as outras línguas não tenham como dizer a respeito. Apenas não têm um substantivo para isso. "Estou com saudade de você" corresponde a "I miss you" em inglês; "te extraño" em espanhol; "tu me manques", em francês. Todos sentem saudade...

A Accountability Pessoal é a postura ética ativa de uma pessoa com relação às outras. Essa pessoa é Accountable, tem a habilidade de crescer acima e além das circunstâncias, fazendo tudo o que está ao seu alcance para atingir os melhores resultados, principalmente no que se refere às responsabilidades do dia a dia, tanto no ambiente familiar quanto no profissional.

Ser Accountable é um estado de espírito, uma filosofia de vida que se instala na nossa mente, levando-nos a ter coragem para perguntar a nós mesmos: "Como posso contribuir?" ou "Como posso fazer diferença para ser melhor?".

Todos os processos mentais de quem foi genuinamente tocado pela Accountability se transformam. Sem se dar conta, essa pessoa eleva seu nível de percepção e de atuação diante das circunstâncias e dos desafios naturais da vida.

A responsabilidade vem de fora para dentro de nós; tem que ser lembrada, às vezes até por escrito. A Accountability Pessoal vai de dentro para fora do indivíduo, não precisa ser lembrada a ele e muito menos escrita. Depois que for desenvolvida, torna-se parte de nós.

Infelizmente, essa virtude não é inata.

PENSAR E AGIR COMO DONO

Sempre há bons exemplos em que nos espelhar – tanto de indivíduos quanto de culturas. Indivíduos exemplares nos inspiram com sua retidão de caráter ou sua força para superar as vicissitudes de uma vida difícil. Culturas exemplares são encontradas em países, cidades e empresas.

Se um amigo pedisse uma dica de viagem, que país você recomendaria?

Para fazer compras, talvez os Estados Unidos. Para fazer um roteiro gastronômico, França, Itália, Portugal... Para conhecer uma história milenar, Grécia, China, Nepal, Índia. Mas que país você recomendaria para que seu amigo volte tendo a sensação de que tomou um banho de cidadania, com a clara noção de que a humanidade pode evoluir?

Os países mais bem avaliados pela organização Transparency International[9] proporcionam vivências inesquecíveis para os que os visitam. Dão ao visitante a sensação de que há esperança para a espécie humana, e de que podemos evoluir, tanto do ponto de vista moral como na ética. Os quinze países com melhor pontuação no ranking de 2014[10] são, em ordem de classi-

---

9 A Transparency International é uma organização fundada por Peter Eigen, ex-executivo de carreira do Banco Mundial. É considerada pela ONU como a mais séria dentre as que pesquisam e classificam o nível de corrupção dos países.

10 O *ranking* completo está disponível no site da organização (www.transparency.org).

ficação: Dinamarca, Nova Zelândia, Finlândia, Noruega, Suécia, Singapura, Holanda, Luxemburgo, Canadá, Austrália, Alemanha, Islândia, Reino Unido, Bélgica e Japão.

Vejamos casos contados por alguns participantes de meus workshops:

- "Vi pessoas que pareciam carpinteiros construindo uma casa. Achei normal, exceto pelo fato de todos parecerem muito felizes, muito motivados. Fiquei impressionado ao saber que, na realidade, não eram operários: eram executivos, professores, gerentes de banco, amigos que nas férias se juntavam voluntariamente para construir a casa de um vizinho sem cobrar nada." (Finlândia)

- "Fiquei chocada com a postura de um menino de 6 ou 7 anos, que voltou para limpar um grão de arroz que havia deixado cair na mesa que estávamos esperando para nos sentar. Ao sair, foi andando de costas para a mãe dele, olhando para nós, com as palmas das mãos no peito, balançando a cabeça e se curvando, como se estivesse pedindo perdão pelo grão de arroz." (Japão)

- "Viajei com o *ticket* do trem na mão o tempo todo, esperando que alguém viesse conferir, mas ninguém veio. Depois fiquei com a mente dividida – entre o pensamento primitivo de que tinha sido uma besta por ter gastado 15 francos, podendo ter ficado com a grana, dado uma de esperto, e o pensamento saudável de como é bárbaro poder viver em um local onde as pessoas e o sistema confiam em você." (Suíça)

- "Não soube como agradecer quando os vendedores instalaram por conta própria, sem nós pedirmos, as malas laterais das nossas três motos BMW, porque os mecânicos estavam de folga. Depois de quatro horas de trabalho, fui agradecer oferecendo uma boa caixinha e fiquei com muita vergonha, não tanto por não terem aceito, mas principalmente pela expressão nos seus rostos de surpresa/ desapontamento com a minha postura de agradecer com dinheiro." (Alemanha)

- "Demorei para perceber que os motoristas estavam me agradecendo, ao acionarem o pisca-alerta, quando eu dava passagem a eles na estrada – comportamento esse que observei em todos os motoristas e não apenas em alguns." (Japão)

- "Em uma estrada movimentada, havia uma faixa de pedestre que aparentemente ligava o nada a lugar nenhum. Uma senhora colocou o pé na faixa e atravessou, quase distraidamente. Ela tinha a tranquila certeza de que os carros iam parar. E pararam!" (Noruega)

- "Só dois dias depois de ter saído do hotel, na cidade de Karlstad, me dei conta de que havia deixado no quarto o meu iPad. Liguei, só por ligar. Eles estavam com o aparelho e, no dia seguinte, para minha surpresa, quando voltei ao hotel em que tinha me hospedado em Estocolmo, a recepcionista me entregou o iPad." (Suécia)

- "Entrei no pronto-socorro do hospital com fortes dores no estômago e também com medo do valor da conta que teria de pagar. Não sei se o melhor foi o atendimento rápido ou o fato de não terem perguntado nada, se era residente, se trabalhava lá, se era turista. Não me cobraram nada, apenas me trataram como um ser humano." (Reino Unido)

- "Visitamos uma instrutora de esqui que morava próximo a Red Mountain. Ela nos convidou para conhecer a sua casa e, depois de visitar a sala, a cozinha, fomos até a garagem, onde nos deparamos com uma enorme quantidade de lenha. Achamos curioso, já que a casa tinha aquecimento elétrico. Perguntei a ela o porquê de tanta lenha e ela me explicou que era para um caso de emergência, caso faltasse energia elétrica. Acrescentou que, na visão deles, a companhia elétrica garantia o fornecimento de energia por contrato, mas os moradores tinham que fazer a parte deles." (Canadá)

Na realidade, as coisas funcionam bem nessas regiões por vários fatores sociais, culturais – e até climáticos. Milênios atrás, enquanto o homem dos trópicos podia dormir nu embaixo de uma árvore e, ao acordar, comer uma banana que nasceu sem ninguém plantar, o homem dos lugares frios tinha que procurar abrigo, procurar se aquecer no inverno, encontrar formas para conservar alimentos para os meses em que nada cresce.

Poderia parecer que nós, brasileiros, estamos condenados à eterna preguiça e a uma irresponsabilidade sem esperança, se não fossem algumas exceções: afinal, a Austrália e a Nova Zelândia não se encontram nas zonas mais frias do planeta, e ainda assim estão entre os países listados pela Transparency International.

O que distingue as nações dessa lista? Há um ponto em comum na atitude da população de todas elas: as pessoas pensam e agem como donas do país. E o que significa, afinal, "agir como dono"?

Há pessoas que tratam tudo à sua volta como se fossem usuários sem compromisso com a manutenção. Há outras que tratam de sua cidade, seu bairro, seu país como se fossem proprietárias cuidadosas.

Veja este caso:

Silvia é uma adolescente brasileira que está fazendo intercâmbio na Nova Zelândia e reside com uma família local. Estuda em uma escola pública cujo uniforme é uma saia xadrez até os joelhos, meias 3/4, camisa social branca por dentro da saia e uma gravata. Um dia, no caminho de volta para casa, decidiu dar um ar mais descontraído ao uniforme. Tirou a gravata e guardou na mochila, baixou as meias até os tornozelos, enrolou um pouco a saia na cintura, para parecer mais curta, amarrou as pontas da camisa. Ficou uma gracinha. Mas, a poucas quadras da sua casa, um policial a avistou, deu a volta e a abordou. Sem sair do carro, perguntou para onde ela estava indo, vestida daquele jeito. Silvia explicou que, como já havia terminado a aula e estava voltando para casa, o uso formal do uniforme não era mais necessário. O policial respondeu que, independente de a aula ter terminado ou não, ela era representante da escola, como todos os outros alunos. Usar o uniforme daquela maneira era um desrespeito à imagem da instituição. Completou dizendo que *ele*, policial, não iria permitir que na ronda *dele* algum estudante desrespeitasse um estabelecimento tão importante para a cidade *dele*. Depois desse pequeno sermão, o policial mandou que ela entrasse no banco de trás da viatura e a levou até sua residência. Foi recebido pela dona da casa, que explicou que Silvia era uma intercambista internacional, brasileira, e não sabia da formalidade dos uniformes na Nova Zelândia. O policial respondeu educadamente que não importava de onde ela era; tanto fazia se era americana, chinesa, russa ou brasileira. O que importava é que a dona da casa era neozelandesa, e aquela era a cidade *dela*. Era responsabilidade *dela* explicar a Silvia como se comportar, antes e depois da aula[11].

Este exemplo é interessante porque ilustra a atitude de *pensar e agir como dono* em vários aspectos. Observe o texto:

Ao se dirigir a Silvia:

- "*ele*, policial, não iria permitir na ronda *dele*..."
- "uma escola tão importante para a cidade *dele*."

Ao se dirigir à dona de casa:

- "aquela era a cidade *dela*. Era responsabilidade dela explicar a Silvia como se comportar."

Pensar e agir como dono pode ser facilmente entendido comparando com a postura ao alugar um carro – a maioria dos motoristas não cuida de um carro alugado da mesma maneira como cuida do seu. Não é comum o cliente de uma locadora lavar o carro, polir, trocar o óleo, trocar os filtros, os limpadores de para-brisas. Se você faz isso, saiba que é uma exceção. A maior parte das pessoas apenas abastece o carro e, no máximo, calibra os pneus.

Já os moradores desses países onde tudo corre bem, melhor do que no resto do mundo, agem como donos da terra em que vivem, não como simples usuários temporários. Na Nova Zelândia, por exemplo, os ciclistas cuidam da manutenção dos parques nacionais, atividade que é levada a sério e realizada periodicamente[12]. Em troca, são autorizados a abrir pistas nesses parques.

Nesses países, a atitude de pensar e agir como dono é ensinada desde cedo pelas famílias, é mantida nas escolas e reforçada com exemplos do governo. Em algumas escolas, a crença nessa atitude é desenvolvida em forma de atividades e em outras é apresentada como matéria acadêmica. Os alunos têm aulas de cidadania.

Vamos chamar quem tem essa atitude de *dono moral*. A diferença entre agir como *simples usuário* de uma propriedade e agir como dono moral pode ser óbvia, na teoria, mas na prática a diferença é enorme:

---

11 O nome da aluna foi alterado para proteger sua identidade.

12 Como mostrou um documentário exibido no *Globo Repórter* em 29 de maio de 2015. O documentário está disponível em: <http://www.videosdiversosdatv.com/globo-reporter-29052015-completo/>. Acesso em: 20 out. 2015.

Simples usuário	Dono moral
Preocupa-se apenas consigo mesmo e com os seus bens	Preocupa-se com os bens de todos
Cuida bem somente do que é seu	Cuida bem do que lhe pertence e também do que pertence a todos, os bens públicos
Propenso a vandalismo	Pronto a consertar o que se estraga
É preocupado em garantir a posse do que lhe pertence, sem dividir	Está disposto a dividir o que tem
Usa com descaso o que não é dele	Lida com respeito e cuidado com qualquer propriedade
Busca crescer mais do que os outros	Busca o crescimento dos outros junto com o seu
É movido pelo egoísmo	É movido pela empatia
Não distingue ambição de ganância	Consegue contrabalançar a ambição e o altruísmo
Espera que os outros façam a manutenção	Interessa-se em fazer a manutenção

Os alunos do antigo curso primário no Brasil tinham aulas de educação cívica e social, em que aprendiam a cantar os hinos do nosso país, a fazer fila para entrar na sala, a ficar de pé após a chegada do professor na classe, a história da bandeira, mas também direitos e deveres de bons cidadãos, além de regras de convivência com a cidade, como a forma correta de atravessar uma rua, por exemplo. Durante o período da ditadura militar, havia o curso de educação moral e cívica, criado por lei instituída em 1969 e ministrado no primeiro grau. Além disso, havia a disciplina organização social e política do Brasil, a chamada OSPB, que fazia parte do currículo do segundo grau, correspondente ao que hoje chamamos de ensino médio. Devido ao seu forte viés de autoritarismo, essas matérias foram extintas em 1993 pelo então presidente Itamar Franco. Contudo, nada foi colocado em seu lugar na grade curricular brasileira para dar às crianças e aos jovens as noções de cidadania.

Se nós não temos um inverno rigoroso que nos force a agir contra ele, não temos aulas de cidadania e nem temos bons exemplos do governo, o que podemos fazer? A quem vamos pedir ajuda?

Três janelas para aprender a pensar e agir como dono

Às vezes encontramos crianças ou adolescentes com posturas brilhantes, com comportamento verdadeiramente Accountable, que pensam e agem como donos. Quando isso ocorre, somos tentados a concluir – tanto pela nossa observação, pelo raciocínio lógico, quanto pelo desejo de ver um mundo melhor – que a Accountability Pessoal é inata. Talvez seja, em um ou outro raro caso. Mas em ***todos*** os casos que venho estudando nestes quinze anos, constato que a Accountability Pessoal entra no coração e na mente de uma pessoa por desejo genuíno de se desenvolver – ou então pela força.

Penso que, durante a nossa trajetória, o universo nos oferece várias oportunidades de desenvolvimento e chamo essas oportunidades de *janelas*. Em relação à Accountability Pessoal, existem três janelas principais na vida de uma pessoa:

A. Educação infantil

Quanto mais cedo, melhor. Através da educação ministrada pelos pais e depois reforçada pelos professores. Idealmente, a atuação dos pais deve ser a primeira, a principal. Toda orientação verbal deve ser sempre acompanhada de exemplos reais, vivenciada. E toda vivência deve ser acompanhada de orientação verbal. Dar exemplo não é o suficiente: se fosse, bastaria um adolescente ver sua mãe arrumar o quarto dela para que ele arrumasse o seu. Ou bastaria uma criança ver seus pais tirando os pratos da mesa, lavando a louça, e ela iria automaticamente fazer o mesmo.

B. Educação adulta

- **Educação corporativa** – através da educação continuada proporcionada pela empresa e alinhada à mudança de modelo mental na instituição.

- **Autoajuda** – através da vontade que uma pessoa tem de se desenvolver, procurando o próprio aperfeiçoamento contínuo por meio de leituras, filmes inspiradores e documentários de superação.

- **Culturas consolidadas** – através de vivência em ambientes de culturas baseadas em valores éticos e morais, podendo ser países ou empresas, nos quais a gestão por consequência é um dos fatores predominantes. Exemplos: intercâmbios estudantis (ou imigração) em um dos quinze países melhor pontuados no *ranking* da Transparency International, convivendo com os habitantes locais. Observe que não me refiro a chegar lá e continuar convivendo com grupos sociais do seu país de origem ou fazer carreira em empresas de culturas fortes. Não me refiro a trabalhar por algum tempo, mas a entrar como *trainee*, ser promovido e sair como diretor.

C. Extrema necessidade

Algumas pessoas reagem a condições hostis do seu ambiente tornando-se Accountable em oposição ao que vivenciaram. Refiro-me à ausência de condições básicas de vida, como falta de alimentação, ou a filhos de pais agressivos, alcoólatras, ou mentalmente perturbados, que colocam os descendentes em condições de perigo. Perda do patrimônio familiar ou a falência de uma empresa também podem gerar esse tipo de reação. Há pessoas que respondem a situações de risco de vida mostrando uma força acima e além do normal, como se vê ocorrer com prisioneiros em campos de concentração, náufragos, pessoas que ficaram perdidas na selva ou que passaram por outro tipo de situação inóspita. Esses ambientes hostis podem ser propícios ao desenvolvimento da Accountability, fazendo com que a pessoa queira se desenvolver em vez de trilhar o caminho fácil de se posicionar como vítima.

Se este livro está em suas mãos, é bem provável que, assim como eu, você acredite que o destino infelizmente não fará nada por nós. Os governos não vão nos ajudar e o Super-Homem não existe na vida real.

Nós é que temos de fazer algo a respeito disso. A solução tem nome. Chama-se Accountability Pessoal. Deve ser encontrada e desenvolvida dentro de nós, e é mais simples do que parece.

Capítulo 2

Pessimistas de plantão

Para evitar críticas,
não diga nada,
não faça nada
e não seja nada.

Aristóteles [1]

[1] Filósofo grego que nasceu em 384 a.C., na cidade antiga de Estágira, e morreu em 322 a.C. Foi aluno de Platão e professor de Alexandre, o Grande. Seus pensamentos filosóficos e ideias sobre a humanidade têm influências significativas na educação e no pensamento ocidental contemporâneo.

Um presente que ganhei

Ensinar é aprender duas vezes, disse Joseph Joubert, um pensador francês que viveu dois séculos atrás[1]. Como tantos outros, tive diversas oportunidades de comprovar a veracidade dessa frase. Sei o quanto um diálogo franco e espontâneo com pessoas muito diferentes entre si, participantes dos meus workshops ou programas de coaching, enriqueceu meu repertório. Saio desses encontros munido de exemplos, comentários e histórias pessoais. Cada vez mais, acredito que aquele que ensina é um felizardo, porque aprende duas vezes.

Foi em um desses workshops – para a alta liderança de uma famosa marca de calçados –, em que eu tentava explicar ao público que nascemos com um tipo de instinto que nos impele a dar desculpas, que fui gentilmente *interrompido* por um participante, Darcio Klaus[2], carinhosamente chamado de Cisso, que ergueu a mão, pediu a palavra e perguntou: "O que você está dizendo é que o contrário de ter Accountability Pessoal é dar desculpas, certo? Então é 'Desculpability'?". Essa palavra não estava no meu vocabulário e, até então, eu não tinha encontrado uma forma tão simples e tão bem-humorada de explicar que Accountability Pessoal tem um antivalor.

A Accountability é uma virtude moral que nos leva a fazer o bem aos outros, mas dá trabalho, precisa ser aprendida, incorporada e aprimorada com o hábito. A Desculpability não precisa de nada disso, é totalmente inata. Não produz nada de bom e é o maior mal que pode acometer uma sociedade. A Desculpability é o instinto de afastar de si qualquer responsabilidade, criando desculpas e culpando de forma inteligente os outros ou as circunstâncias.

Quando a Desculpability entra em ação, saem de cena o respeito ao próximo, o interesse genuíno, a empatia, a solidariedade e a cidadania. A Desculpability está a serviço do ego e sua função é basicamente protegê-lo e mimá-lo.

---

1 1754-1824.

2 Darcio Klaus foi criado no interior do Rio Grande do Sul, trabalhou na roça até os 13 anos de idade e só falava alemão. Sua família enfrentou muitas dificuldades e eles chegaram a passar fome. Aos 16 anos, começou a trabalhar em fábricas de calçados e, até os 21, era praticamente o responsável pelo sustento dos seus pais. Hoje Cisso Klaus é diretor industrial da Arezzo.

Coitadismo é apenas uma das facetas da Desculpability

Compartilhar **um** problema pessoal, **uma** vez ou outra, para **um** amigo é aceitável. Percebeu que a frase tem a repetição do número um? Agora, ficar repetindo os problemas para várias pessoas é inadmissível. Além de ser uma tremenda falta de respeito com os colegas, é muito inconveniente. Esse comportamento está se tornando uma mania nacional de ficar reclamando da vida, do gestor, da empresa, da economia, do governo e do país – como se isso fosse melhorar de alguma forma a situação! – e essa postura está sendo chamada por cronistas e blogueiros de "coitadismo", que é se colocar como vítima ou se vitimizar. O coitadismo não está no dicionário, mas tem tudo para ficar na moda.

Mas o coitadismo, ou se colocar como vítima, é apenas uma das seis facetas de Desculpability, as quais são:

1. Não querer ver;
2. Fingir que não tem problema;
3. Apontar culpados;
4. Reclamar;
5. Ficar esperando direcionamento;
6. Agir como vítima ou coitado.

Um firmware nocivo rodando na nossa mente

Você já sentiu vergonha de agir corretamente? Já ficou parado em um sinal vermelho, enquanto outros veículos avançaram indevidamente, e se sentiu mal por isso? Já aconteceu de estar em uma fila, aguardando sua vez de ser atendido, mas sabendo que precisa permanecer alerta, para garantir que ninguém desrespeite o seu direito e o direito de outros? Já esqueceu algo de valor em um estabelecimento e, ao voltar para buscá-lo, não encontrou o seu pertence? Já ficou indignado ao saber que uma autoridade que deveria ser exemplo de retidão usou seu cargo e seu poder para se dar bem em uma blitz policial ou para ter preferência no *check-in* do aeroporto?

Esses são apenas alguns exemplos de um repertório bem maior de situações que ocorrem todos os dias, nas quais a vontade de alguns de fazer prevalecer o que é correto entra em conflito com o egoísmo natural de outros e com a realidade de uma sociedade na qual pouco foi feito para desenvolver respeito, colaboração e cidadania. Quando percebemos todos os dias situações como as que citei acima, é porque estamos convivendo com baixos níveis de responsabilidade.

Aos poucos, passamos a acreditar que é normal não fazer o certo. Pior: aprendemos que a vida é um jogo e que culpar os outros ou as circunstâncias faz parte das regras para se ganhar esse jogo, no tabuleiro de uma sociedade contaminada por crenças que colocam o individual antes do coletivo, o eu na frente do outro. Isso não é de hoje, não é resultado de um egoísmo nascido em anos recentes. Um antigo provérbio português já dizia: "Farinha pouca, meu pirão primeiro". E, além desse egoísmo individualista, tendemos a dar mais importância a ter do que a ser.

Tudo o que fazemos ou falamos impacta e tem um certo potencial de influenciar os outros, direta ou indiretamente. Por exemplo: quando uma celebridade carnavalesca, membro de uma escola de samba campeã, diz a jornalistas em uma entrevista coletiva que, se não fosse o dinheiro da contravenção, a qualidade dos desfiles não seria tão boa, está dizendo que não interessa de onde vem o dinheiro desde que o resultado desejado seja atingido. Intencionalmente ou não, ele está influenciando outros a pensarem assim.

Rui Barbosa[3] uma vez disse: "De tanto ver triunfar as nulidades, de tanto ver prosperar a desonra, de tanto ver agigantarem-se os poderes nas mãos dos maus, o homem chega a desanimar da virtude, a rir-se da honra, a ter vergonha de ser honesto"[4].

A frase é de 1914, mas parece que foi dita ainda hoje de manhã. De tanto ver maus exemplos, de tanto ouvir justificativas ou desculpas de pais, avós e professores, as crianças acabam contaminadas. E de tanto presenciar maus exemplos, justificativas ou desculpas de empresas, colegas de trabalho e até do governo, os bons adultos, os que escaparam de ser infectados na infância, são contaminados também.

Tudo isso é resultado do trabalho eficientíssimo desse software chamado Desculpability, que, metaforicamente falando, opera dentro da nossa mente. Da sua, da minha, dentro das mentes de todos nós, bloqueando ou tornando mais lentos os mecanismos de responsabilidade.

Desculpability tem várias dimensões, mas a pior de todas é a de fazer a pessoa *fingir que não há problema*, se recusando a ver que algo poderia ser feito. A segunda pior dimensão, tão tóxica quanto a primeira, é *apontar culpados.*

Extremamente versátil, esse programa pode se desativar automaticamente em situações como entrevistas de emprego, por exemplo, o que torna muito difícil a um entrevistador, por mais hábil que seja, identificar esse traço em um candidato. Participei de um workshop com o doutor Paul Ekman[5], chamado Developing & Reconnecting to Empathy and Meaning, que, entre outros objetivos, treina o reconhecimento de microexpressões faciais para reconhecer traços não legítimos da comunicação (ou seja, mentiras). Mesmo com as técnicas aprendidas, acho muito difícil identificar a Desculpability em um indivíduo durante uma entrevista de emprego.

---

3 Rui Barbosa (1849-1923) foi advogado, jurista, político, diplomata, escritor, filólogo, orador e tradutor.

4 Esta frase consta no discurso intitulado "Requerimento de informações sobre o caso do Satélite", pronunciado em 17 de dezembro de 1914, no Senado. Frequentemente é citada como sendo parte da Oração aos Moços, o que não é verdade.

5 Paul Ekman é um psicólogo americano, pioneiro no estudo das emoções e expressões faciais, que desenvolveu o conceito das seis emoções básicas (Felicidade, Tristeza, Surpresa, Medo, Nojo e Raiva). Ekman foi considerado um dos 100 mais notáveis psicólogos do século XX.

Quando está ativado, esse software mantém-se em estado de alerta, vasculhando oportunidades para atuar tanto no modo **Ativo** quanto no **Passivo**, com estratégias diferentes para atingir o mesmo objetivo – que é culpar os outros ou as circunstâncias.

Modo Ativo Atitudes e comportamentos verbalizados	**Modo Passivo** Atitudes e comportamentos silenciosos
Negar verbalmente que existe um erro	Não querer ver ou não se interessar em saber que existe um problema; age com desinteresse
Apontar culpados	Mesmo sabendo que há um problema, opta por fingir que nada está acontecendo; age com cinismo
Reclamar ou apontar falhas sem propor alguma solução	Ficar sem ação, mesmo sabendo que alguém precisa de ajuda; indiferença
Exagerar na crítica, perder o equilíbrio e o bom senso	Ficar esperando uma ordem para agir ou que alguém diga o que deve ser feito
Ser intolerante com o que é diferente (religião, gênero sexual, raça, estilo de vida e outros)	Não assumir um erro
Tomar o todo pela parte e assumir uma posição radical	Fazer somente o que é pedido
Não fazer perguntas ou não propor uma linha alternativa	Ficar passivo, aguardando uma resposta (e-mail, telefonema), em vez de ir atrás da informação
Apostar contra uma nova ideia, plano ou estratégia sem se esforçar para entendê-la	Não compartilhar informações que tem e nem prestar contas
Fazer críticas em vez de fazer perguntas para entender melhor o ponto de vista do outro	Conformar-se ou acreditar que tudo está bom como está
Acusar simplesmente para se proteger	Não fazer perguntas quando poderia ter feito

Uma única pessoa agindo assim, seja como membro de uma família, como morador de um condomínio ou como colega de trabalho, já causaria um dano enorme para quem está em sua volta. Agora imaginemos uma sociedade em que boa parte das pessoas pensa e age assim! Nos dias de hoje, tudo fica amplificado pelo poder das redes sociais[6], somado à comodidade dos smartphones[7].

---

6 Facebook, por exemplo – o número global de logins por mês no primeiro semestre de 2015 chegou a 1.44 bilhões, ultrapassando a população da China (Fonte: Statista, portal de análise de estatísticas da internet).

7 No final de 2014, o Brasil era o sexto maior mercado de smartphones do mundo, com 38,8 milhões de aparelhos, segundo a eMarkter. O ranking é liderado pela China, com 436,1 milhões. A lista dos cincos primeiros colocados inclui ainda Estados Unidos (143,9 milhões), Índia (76 milhões), Japão

Uma participante de uma das minhas palestras contou que havia sido assaltada em um ponto de ônibus no trajeto da faculdade para casa. Relatou de forma bem calma: disse que o assaltante havia levado a correntinha que sua avó tinha dado de presente quando ela fez 15 anos, um conjunto de anel, brinco e pulseira que havia comprado e ainda está pagando e, o mais importante, o anel que recebeu do noivo. Ela disse, serena e tranquila, que não foi a perda de todos esses bens que a fez se sentir tão mal. Nem foi a perda do celular, do dinheiro e dos documentos que estavam na bolsa, nem as duas horas e quarenta minutos que ela gastou na delegacia para fazer o boletim de ocorrência. O que a mais a magoou foi que, na hora do assalto, havia cerca de onze pessoas no ponto de ônibus e ninguém fez nada. Todos viram o que ocorreu, mas nem após o assalto vieram confortá-la. No momento que contou isso, seus olhos se encheram de lágrimas.

Acredito que as pessoas que estavam próximas a ela na hora do assalto eram boas e, se pudéssemos perguntar por que não fizeram nada, tenho certeza de que dariam boas respostas, com bons argumentos. Mas quando não queremos ver algo, sempre encontramos ótimas razões para nos justificar.

Casos como esse me fazem lembrar da frase de Martin Luther King, "a pior tragédia não é a opressão e a crueldade das pessoas más, mas o silêncio das pessoas boas", e fico convencido de que a pior faceta da Desculpability é não fazer nada quando algo de bom poderia ter sido feito.

Um programa nativo

Na realidade, a Desculpability atua como um *firmware*[8] cujas funções vão muito além de simplesmente gerar desculpas. Ela roda dentro do processo mental; seu objetivo primário é de agir como um sofisticado gerador de desculpas, mas, através do seu processo de atualização automática, evolui e passa a entregar caraterísticas secundárias como:

(40,5 milhões) e Rússia (35,8 milhões). A previsão é de que o Brasil se mantenha entre os cinco maiores mercados do mundo.

[8] Trata-se de um conjunto de instruções operacionais programadas pelo fabricante diretamente na placa mãe de um equipamento eletrônico.

- Proteger o indivíduo de críticas;
- Alterar a noção e o bom senso em relação à responsabilidade;
- Criar argumentos para reclamar e exigir mais;
- Alterar a percepção da realidade, dificultando ver o ponto de vista do outro.

Todos nós nascemos com esse programa!

Você ficou chocado ao ler isso? Eu também sofri, por alguns meses, só de pensar nessa possibilidade. Relutei muito, mas hoje estou seguro de que isso é verdade. Baseei-me em pesquisa que iniciei no ano 2000, trabalhando em cinco vertentes. Segui as linhas de pensamento de Aristóteles, Freud, Loevinger e René Girad, acrescidas de minha própria experiência como coach.

Aristóteles[9] **(385-322 a.C.)** – o que me chamou a atenção foi sua intuição sobre a ética e as virtudes. Ele foi o primeiro pensador a intuir que o ser humano não nasce virtuoso, distinguindo a virtude intelectual da virtude moral. Na visão aristotélica, a virtude intelectual deve ser adquirida através do ensino e a virtude moral se desenvolve pela prática. Ambas devem ser apresentadas às crianças e estas, decidindo incorporá-las, devem praticá-las e aprimorá-las. Segundo ele, nós não nascemos prontos para o convívio social e o hábito tem um papel importantíssimo para nosso aprimoramento intelectual, ético e moral.

Freud[10] **(1856-1939)** – tomei como base a Teoria do Inconsciente, a Teoria dos Instintos e os Mecanismos de Defesa[11], que são processos psíquicos inconscientes cujo objetivo é aliviar ou proteger o ego. Desses, talvez a projeção seja o que mais se aproxima da Desculpability. Sentimentos indesejáveis como medo, vergonha (de se admitir um erro ou que se deixou de fazer algo importante) e receio de futuras consequências são projetados em outras pessoas através desse mecanismo. Para Freud, todo ser humano desenvolve os Mecanismos de Defesa.

---

9 Filósofo grego, aluno de Platão, professor de Alexandre, o Grande.

10 Médico neurologista austríaco, criador da psicanálise.

11 Mecanismos de Defesa: Regressão; Formação Reativa; Projeção; Repressão; Racionalização; Negação; Deslocamento; Anulação; Introjeção e Sublimação.

Jane Loevinger[12] **(1918-2008)** – utilizei sua teoria dos Nove Estágios de Desenvolvimento do Ego, que trouxe uma grande contribuição com o terceiro estágio, denominado de Autoprotetor (*Self Protective*). Nesse estágio, o Ego é regido pela busca da satisfação, do prazer e inicia o desenvolvimento da habilidade de culpar os outros quando sente uma possível ameaça à sua satisfação. O modelo mental tem como lema "conseguir o que eu quiser sem ser pego". Esse comportamento pode ser dividido em dois para ficar mais fácil a sua compreensão: "conseguir o que eu quiser", facilmente observado em indivíduos em corpos pequenos (crianças); "sem ser pego", observado em indivíduos em corpos grandes (adultos) que apresentam desvios de conduta no trânsito, na vida social ou no trabalho. Ela acreditava que todos nós passamos por esse estágio de Autoprotetor, e eu acredito que alguns indivíduos mesmos já adultos, por alguma razão, permanecem presos a ele.

René Girard[13] **(1923)** – dois trabalhos dele me influenciaram especialmente. O primeiro é a teoria da Violência Fundadora, que, segundo ele, é a base de toda violência na sociedade e se revela em três atitudes: o Agir Indiferente, o Agir Vândalo e o Agir Cínico. O segundo é o desenvolvimento do conceito do Mecanismo do Bode Expiatório[14], que explica a necessidade social de se encontrar um culpado. O Agir Indiferente e o Agir Vândalo têm as características do simples usuário citado no capítulo anterior, que é antagônico ao dono moral.

Minha experiência como coach – Desde o início da minha carreira em 1986, tive que criar um método próprio de coaching e mentoring, usando como base a única referência que havia na época: o modelo terapêutico clínico que aprendi na faculdade e pratiquei nos primeiros anos após minha graduação, atendendo a pacientes. Naquele tempo, eu conciliava a atuação de terapeuta clínico e a de consultor de negócios. Meus primeiros clientes como profissional de consultoria foram pequenas empresas, formadas por dois ou três sócios, amigos,

---

12 Psicóloga, escritora, pesquisadora sobre métricas e modelos de medição da personalidade, PhD pela Berkeley University.

13 Filósofo, historiador, escritor e crítico que nasceu na França, atualmente reside em Stanford, Califórnia.

14 O termo "bode expiatório" foi cunhado por Kenneth Burke (1897-1993), em seu livro *Permanence and change*, mas foi Girard quem desenvolveu o conceito mais amplamente.

às vezes casais ou irmãos. Meu trabalho basicamente consistia em ajudá-los a se comunicar melhor uns com os outros e com seus funcionários, a falar sobre temas difíceis de tratar sem intermediação profissional (por exemplo a carga horária dedicada ao negócio, que era diferente de sócio para sócio; a remuneração de cada um, já que a carga horária não era a mesma, a política de retirada de dinheiro, o pagamento de benefícios individuais e outros). Eu os ajudava a se organizarem melhor, a encontrarem o melhor método de trabalho para aquela empresa. Algo que fizesse sentido para eles, já que cada negócio tinha o seu próprio contexto. Auxiliava-os a distribuir as funções entre os sócios, a desenhar um planejamento a médio e longo prazo e a treinar suas equipes. Recomendava livros com alguns capítulos já pré-definidos para serem estudados, alugava filmes de temas corporativos (no começo em 16 mm, depois, em videocassete) aos quais assistíamos juntos, debatendo o que poderia ser adaptado para a realidade do negócio. Para desempenhar esses papéis, eu tinha que ouvir meus clientes e conduzir reuniões de aconselhamento que, na época, não tinham um nome específico, mas o que eu fazia equivale ao que atualmente se chama de coaching. Até hoje, devo ter conduzido cerca de duas mil e oitocentas sessões de coaching[15]. Com base nessa extensa amostra de comportamento empresarial, observei dois tipos de atuação dos sócios: os que não produziam resultados e davam desculpas e os que realmente faziam as coisas acontecerem. Estes não ficavam se justificando quando algo não saía como planejaram. O que mais chamou minha atenção é que a educação recebida pelos pais tinha uma influência direta no tipo de empreendedores que eles se tornaram.

Desculpability Inn – um hotel cinco estrelas para os desvios de conduta

Poucos abaixam a cabeça e ficam em silêncio quando são flagrados agindo de forma inadequada ou fazendo a apologia da irresponsabilidade. A maioria das pessoas, se for questionada, olha firme no olho do interlocutor e se justifica. Apresentam desculpas para convencer os outros de que têm razão.

[15] Cálculo feito tendo como base duas sessões por semana, quatro semanas a cinco semanas por mês, durante onze meses, multiplicado por 29 anos.

Suas respostas são bem-articuladas e inteligentes; os argumentos são bem-estruturados. Soam quase convincentes.

Na realidade, são falas ensaiadas que essas pessoas já repetiram centenas de vezes para seu círculo de parentes, conhecidos e, principalmente, para si mesmas. Quanto mais forem utilizadas, mais verdadeiras essas falas se tornam para quem as diz. E, às vezes, convencem os que os cercam, pois, para a maioria das pessoas, uma mentira muito repetida passa a ser vista como verdade.

Por isso uma pessoa bem-intencionada fica sem palavras diante daqueles cujas crenças e valores são determinados pela Desculpability. "Todo o problema do mundo é que os estúpidos são vaidosos de sua sabedoria, mas os inteligentes estão cheios de dúvidas"[16], a frase de Bertrand Russell[17] nunca foi tão verdadeira.

Todas as atitudes incorretas podem ser facilmente defendidas quando estamos sob a influência e o domínio da Desculpability. Ela atua como um aplicativo[18] que constrói na nossa mente um ambiente ideal para abrigar e desenvolver desculpas para todas as nossas atitudes censuráveis. Não são só os grandes crimes que geram o mal em nossa sociedade. Pequenas atitudes do dia a dia criam esse ambiente.

Vejamos alguns exemplos que não esgotam a lista de comportamentos frequentes. Alguns deles são francamente crimes puníveis por lei; outros são aceitos socialmente ou considerados perdoáveis:

- Dirigir na contramão, ultrapassar o limite de velocidade, atravessar o farol vermelho;
- Jogar papel no chão;
- Não pegar a sujeira do cãozinho;

16 "The fundamental cause of the trouble is that in the modern world the stupid are cocksure while the intelligent are full of doubt" é a frase original. Mesmo em inglês, ela costuma ser parafraseada como "the whole problem with the world is that fools and fanatics are always so certain of themselves, but wiser people so full of doubts" (essa frase quase sempre é divulgada como "os tolos e os fanáticos estão sempre seguros de si, mas os sábios são cheios de dúvidas").

17 Bertrand Russell (1872-1970) foi um filósofo, matemático e historiador inglês. Prêmio Nobel de Literatura em 1950.

18 Software ou programa que roda em cima do sistema operacional e tem como objetivo realizar uma tarefa específica.

- Estacionar na vaga de idosos (já que na de deficientes iria chamar muita atenção...);
- Comprar produtos pirateados (80% da população usa DVDs pirateados[19]);
- Baixar músicas e filmes de sites de pirataria;
- Agir com intolerância a opiniões diferentes das nossas;
- Coibir a livre expressão;
- Fazer justiça com as próprias mãos;
- Fazer ligações clandestinas de energia elétrica, água ou TV paga[20];
- Demonstrar intolerância a raças, orientação sexual, religiões, opiniões políticas e até a times de esportes (mesmo que com piadas);
- Sentar-se em restaurantes sem se preocupar em ver se há fila de espera;
- Furar fila;
- Apertar o botão para fechar a porta do elevador mesmo vendo outra pessoa chegando, a poucos metros;
- Cobrar para permitir que alguém estacione em uma vaga pública;
- Oferecer dinheiro a um policial para ele fechar os olhos a um problema;
- Comprar carteira de habilitação;
- Entrar na fila preferencial no supermercado, no banco, no cinema, sem direito a ela;
- Usar cartão de estudante falsificado para pagar meia-entrada;
- Subfaturar o valor de venda de um imóvel para pagar menos imposto;
- Detonar uma pessoa pela internet, por qualquer motivo que seja;
- ... e muitas outras atitudes que você certamente presencia com frequência.

Esse ambiente ideal dentro do nosso cérebro é um verdadeiro hotel cinco estrelas para as desculpas. Um hotel que chamo de Desculpability Inn.

---

[19] Pesquisa do IPEA feita a pedido do Conselho Nacional de Combate à Pirataria (CNCP), órgão do Ministério da Justiça, que fez uma "radiografia" do tema no Brasil e revelou que 80% dos entrevistados declaram possuir DVDs piratas e 74%, CDs piratas.

[20] Se fosse uma operadora, a "Gatonet", como é chamada a pirataria na TV paga, seria a terceira maior do Brasil, atrás apenas da Net (6,1 milhões) e da Sky (5,1 milhões). Teria quatro vezes mais assinantes que a Oi (886 mil). A pesquisa foi encomendada pela ABTA (Associação Brasileira de Televisão por Assinatura) e pelo Seta (Sindicato das Empresas Operadoras de TV por Assinatura e de Serviço de Acesso Condicionado).

Lá, todos os desvios de conduta descansam protegidos de críticas externas e da própria consciência. São hóspedes VIP, paparicados e bem nutridos, prontos para entrar em ação a qualquer momento, renovados e revigorados, sempre incondicionalmente à disposição do Ego. Na realidade, são arquétipos do comportamento ilustrado por Homer Simpson, uma celebridade que se hospeda alegremente nesse hotel.

Capítulo 3:

Uma sociedade de inimigos

Nenhum homem nunca se torna maior colocando as outras pessoas para baixo. O comerciante inteligente não critica seu concorrente. O trabalhador equilibrado não critica aqueles que trabalham com ele. Não critique seus inimigos. Não critique seus amigos. Não critique a si mesmo.

Alfred Lord Tennyson [1]

---

1 Alfred Lord Tennyson (1809-1892), poeta britânico, um dos mais conceituados da Era Vitoriana. Uma das suas frases retirada do poema "Ulysses" foi cravada no muro da vila olímpica de Londres para os Jogos Olímpicos de 2012: "To strive, to seek, to find and not to yeld" ("Lutar, buscar, encontrar e não se render").

Inclinado a aceitar a tese de que a Desculpability é inata, comecei a levar mais a sério uma recomendação de participantes dos meus workshops: observar as desculpas dadas pelas crianças pequenas. Passei a receber histórias ótimas e muito engraçadas de respostas de crianças, especialmente daquelas que possuem entre 2 e 6 anos, período de formação do Ego e de alguns dos Mecanismos de Defesa.

Em maio de 2008, em uma conferência em Glasgow, sir Ken Robinson[1], secretário de educação inglês, apresentou uma pesquisa na qual 1 600 crianças com idades entre 3 e 5 anos foram avaliadas em um teste: 98% delas mostraram capacidade de elaborar pensamentos divergentes. Pensamentos divergentes são novas conexões cerebrais ou novas sinapses. Tudo o que fazemos, pensamos ou agimos são resultados de milhares de conexões elétricas e químicas entre as células cerebrais, também chamadas de neurônios. Quando o mesmo teste foi feito com crianças de 8 a 10 anos, o resultado foi de apenas 32%; com adolescentes de 13 a 15 anos, o teste foi pior ainda, apenas 10%, e com jovens adultos de 25 anos, o resultado obtido foi de 2%.

Essa pesquisa apenas comprova o que intuitivamente pais, avós e professores dizem há muito tempo: que, a cada geração, parece que as crianças se tornam mais criativas, inteligentes e divertidas mais cedo, e apresentam maior capacidade para elaborar perguntas ou afirmações, para dar explicações ou mesmo para dar desculpas cada vez mais estruturadas e engraçadas.

Analisando vídeos de crianças (no YouTube, por exemplo, ou em qualquer outro meio) é fácil observar a forma como elas direcionam a responsabilidade e a culpa para outros. Em crianças de 3 a 5 anos, essa habilidade é puramente instintiva, já que o processo cognitivo ainda está em formação.

A enorme capacidade de criar pensamentos divergentes reforça minha certeza de que a Desculpability é inata, é um *firmware*. Podemos aprender a identificar e policiar esse programa, mas não podemos nem desativá-lo e nem desligá-lo.

---

1 Educador britânico, especialista em educação, criatividade e inovação.

Desculpability é contagiante

Resfriados e gripes são contagiantes, isso não é nenhuma novidade. O que está sendo apontado como novo é o fato de as emoções também serem contagiantes. Em 1980, o neurologista Giacomo Rizzolatti da Universidade de Parma, junto com a sua equipe de auxiliares[2], apresentou os primeiros estudos sobre a funcionalidade dos Mirror Neurons (ou Neurônios de Espelho), um conjunto de células neurológicas cujo objetivo é espelhar e copiar as emoções dos outros, elemento fundamental para o desenvolvimento da empatia. Na mesma linha de pensamento, a professora de psicologia da Universidade do Havaí, Elaine Hatfield, publicou um estudo[3] no qual propõe que as emoções podem ser imitadas inconscientemente, razão pela qual poderíamos ser rapidamente influenciados pela emoção dos outros à nossa volta. Exatamente como ocorre em um show ao vivo de humor, tipo *stand up*, em que muitas vezes o comediante nem iniciou o seu texto e a plateia já está rindo sem saber o porquê.

Acredito que ocorra o mesmo processo com Desculpability, basta uma pessoa começar a reclamar e, em alguns minutos, já tem alguém ao lado reclamando também.

Um dos principais objetivos do *firmware* Desculpability, ao rodar na mente de um indivíduo, é apontar culpados, acusar e não enxergar o lado do outro. Mas quando roda em uma coletividade seus efeitos se potencializam, tornam-se mais nocivos. Além de apontar culpados e acusar, na "versão sociedade" esse *firmware* precisa ir mais além. Precisa punir.

Enquanto não atinge seu objetivo de punição, a Desculpability na sociedade não hiberna; continua em modo ativo, impedindo o funcionamento de outros programas até concluir sua *missão.*

Quando um grupo de pessoas critica e culpa um indivíduo por alguma razão, esse grupo se realimenta das suas próprias palavras e das emoções produzidas por elas, gerando uma onda de energia negativa que cresce constan-

---

2 Equipe de neurologistas: Giuseppe Di Pellegrino, Luciano Fadiga, Leonardo Fogassi e Vittorio Gallese.

3 Os envolvidos no estudo: Elaine Hatfield, University of Hawai; John T. Cacioppo, Ohio State University e Richard L. Rapson, University of Hawai.

temente em intensidade e agressividade. Se havia razão inicialmente para os ataques, ela logo desaparece do raciocínio, deixando lugar apenas para o instinto. A tomada de decisão que antes estava sendo processada no lóbulo frontal, a área mais evoluída do cérebro, que só os humanos têm, que também coordena o estado de alerta e o nível de consciência, passa a ser processada pela amígdala[4]. Essa glândula, localizada na base do cérebro, é uma das mais primitivas e sua função é controlar o instinto de defesa – ataque ou fuga – e as emoções básicas como afeto, carinho, medo, raiva e ira.

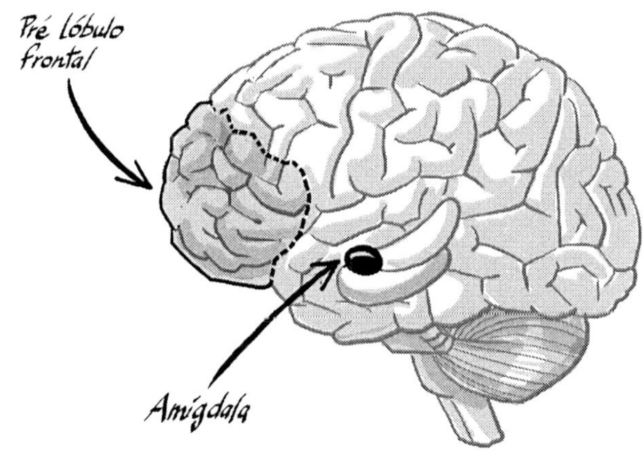

Além de ser processado por uma região bem primitiva, o ato de acusar e apontar culpados também é influenciado pelo hipotálamo, glândula responsável por processar a sede, a fome e a temperatura do corpo. A Universidade Ben-Gurion do Negev[5] na cidade de Be'er Sheva, Israel, realizou um estudo em 2010, durante cinquenta dias pelo período de dez meses, no qual oito juízes (seis homens e duas mulheres) analisaram 1 112 pedidos de redução de pena de processos relacionados a crimes de assalto, roubo, assassinato e estupro. As decisões judiciais tinham apenas duas opções de veredicto: pedido aceito ou pedido rejeitado. Os processos eram distribuídos individualmente aos juízes de

---

[4] Na realidade, são duas, sendo uma em cada hemisfério cerebral, ambas do tamanho de uma amêndoa e suas funções são processar o instinto de defesa e as emoções afetivas "quentes" como amor, afeto, carinho, e emoções básicas frias como medo, ira, raiva.

[5] O estudo foi realizado por Shai Denzigner e Liora Avnaim-Pesso, do Departamento de Gestão, e Jonathan Levav, da Columbia Business School (Universidade de Columbia, NY).

forma aleatória e, em geral, eles gastavam seis minutos para decidir a sentença. A hora exata na qual cada juiz deliberava a sentença era imediatamente registrada, assim também como as horas em que eles saíam para os intervalos de alimentação, que eram os lanches da manhã, da tarde e o almoço. Em média, 35% dos pedidos de redução de pena eram aceitos. Porém, o estudo mostrou que as sentenças analisadas imediatamente após qualquer uma das refeições tinham seus pedidos de redução aceitos com uma incidência altíssima de 65%. Esse índice passava a cair gradativamente conforme o tempo passava, até chegar às vésperas do próximo intervalo de alimentação, com 0% de chance de os pedidos serem aceitos.

O processo de dar desculpas e apontar culpados é muito mais forte e primitivo do que imaginamos e jamais deveríamos subestimá-lo. Se esse estudo – que não é uma pesquisa, é apenas um estudo – estiver correto, podemos tirar duas conclusões. A primeira é que Fernando Pessoa estava certo ao afirmar que "o homem é um animal irracional". E a segunda é que, se você algum dia estiver diante de um juiz para ele julgar uma causa sua, torça para que o julgamento tenha sido agendado após o almoço ou leve um lanchinho para a Vossa Excelência.

No Brasil ocorre um linchamento por dia, segundo o sociólogo José de Souza Martins, autor da maior pesquisa do gênero relatada no livro *Linchamentos: a justiça popular no Brasil* [6]. Somos um dos países que mais pratica linchamentos no mundo, o que não é motivo de orgulho – pelo contrário. O linchamento é um ato medieval, é a barbárie trazida do passado para os dias de hoje por um túnel do tempo, uma vez que o instinto e o inconsciente não são regidos pelo calendário.

A qualquer momento uma pessoa pode ser atacada, tanto verbal quanto fisicamente, sem razão nenhuma. O ataque pode vir de completos desconhecidos, de colegas, de clientes ou de vizinhos.

Uma sociedade não se forma se não há confiança entre as pessoas. Em vez de ser constituída por cidadãos, a população passa a ser formada por um triste grupo de moradores individualistas, sem espírito de cidadania e sem solidariedade.

---

[6] Publicado em 2005, a base de estudo para a pesquisa desse livro foram 2028 casos.

Tanto nos casos em que a população age de forma descontrolada, após um julgamento informal precipitado, reagindo a algo que viu ou pensou ver, quanto nos casos em que houve julgamento formal, mas a condenação saiu por pressão popular, há uma grande energia concentrada em acusar e punir.

Essa é a relação entre a Desculpability e os linchamentos físicos ou morais. Viver em uma sociedade gerenciada pela Desculpability é arriscado.

1937 – "Graças a Deus, te encontrei!"

Os irmãos Sebastião José Naves e Joaquim Rosa Naves tinham um sítio na cidade de Araguari, em Minas Gerais. Viviam da lavoura e também da compra e da venda de cereais. O primo deles, Benedito Pereira Caetano, hospedava-se na casa de Joaquim.

Benedito não era lavrador; achava que tinha tino comercial. Comprou uma enorme quantidade de sacas de arroz, na moeda vigente na época, em Contos de Réis que, convertidos para Reais (R$), seria o equivalente a quarenta e nove mil reais (R$ 49 000,00)[7], por cento e trinta e seis contos de reis (136:000$000) imaginando que o preço iria subir. Endividou-se para fazer a compra, mas o preço do arroz, em vez de subir, caiu. Ele acabou vendendo todas as sacas por cerca de trinta e dois mil reais (R$ 32 000,00), noventa contos de reis (90:048$500). Recebeu o pagamento em cheque, sacou toda a quantia, não pagou a sua dívida e dois dias depois, desapareceu.

Os irmãos Naves procuraram o primo por toda parte. Foram à casa de Floriza, amante de Benedito, falaram com quem vendeu o arroz e com José Lemos, o comprador. Foram à fazenda dos pais do primo. Ninguém sabia do paradeiro dele. Preocupados, os irmãos foram à delegacia e relataram a história ao delegado, doutor Ismael do Nascimento.

Foi instaurado um inquérito policial no qual todos – os irmãos Naves, Floriza, José Lemos, o fornecedor de arroz e mais dois amigos eram testemunhas. Após os procedimentos de praxe, o delegado anunciou a impossibilidade da conclusão do caso.

---

7 Valores aproximados – conversão.

Mas a pressão popular aumentava a cada dia. O delegado foi substituído pelo tenente militar Francisco Vieira dos Santos, conhecido como Chico Vieira[8], um homem truculento.

Foram intimados dona Ana Rosa Naves, mãe de Sebastião, e Joaquim, que na época tinha doze filhos e 66 anos; Salvina, a esposa de Sebastião Naves; Antonia, a esposa de Joaquim, além de um amigo de Benedito, Orcalino da Costa. Em seu testemunho, Orcalino sugeriu que os responsáveis pelo desaparecimento de Benedito poderiam ser os próprios primos, os irmãos Naves.

O delegado mandou prender os dois irmãos, que negaram ter cometido qualquer crime, mas foram torturados. Entre outras sevícias, foram amarrados nus em árvores, com os corpos untados de mel, para serem atacados por abelhas e formigas. Sofreram outras agressões, passaram fome, sede e frio, mas mantiveram sua versão de que eram inocentes. Então a mãe deles foi presa. Suas roupas foram retiradas e os filhos receberam a ordem de bater nela. Como se recusaram a isso, os três foram torturados. Dona Ana foi estuprada por policiais. As esposas de Sebastião e Joaquim, juntamente com seus filhos, foram presos. Um dos filhos, de oito meses, morreu na prisão.

Apesar de a mãe sempre ter dito que não assumissem a responsabilidade pelo que não fizeram, finalmente Joaquim confessou o crime. Libertada, dona Ana procurou o advogado João Alamy Filho[9], que, inicialmente, acreditava que os dois eram culpados, pois a opinião pública o tinha convencido disso. Mas, depois, concluiu que eram inocentes e aceitou defendê-los.

No primeiro julgamento, ocorrido em 1938, começou a surgir a verdade, através dos depoimentos de outros presos que testemunharam as atrocidades sofridas pelos Naves. O júri votou pela absolvição de Sebastião e Joaquim, por seis votos favoráveis e um contra. Ouve um novo julgamento, que confirmou o voto, por seis a um, da inocência dos réus.

Mas, naqueles tempos de ditadura de Getúlio Vargas, não se reconhecia soberania do júri. O Tribunal de Justiça, uma instância superior, alterou o

---

8 (1897-1948).

9 São dele os livros *O caso dos irmãos Naves* e *O maior erro judicial do direito brasileiro.*

resultado do veredicto, e os irmãos foram condenados a vinte e cinco anos e meio de prisão.

Após oito anos e três meses, os Naves foram postos em liberdade condicional, por comportamento prisional exemplar. Mas Joaquim Naves morreu num asilo onde foi se tratar de consequências das torturas sofridas.

Quinze anos depois do seu "desaparecimento", em 1952, Benedito voltou à fazenda de seus pais, em Nova Ponte. Foi visto por outro primo, Fernando Naves, que por telegrama avisou Sebastião (o telegrama precisou ser lido para ele por seu filho, pois Sebastião era analfabeto).

Ele procurou o juiz de Araguari, para autorizar sua saída da cidade, mas ele o aconselhou a esquecer o assunto, já que "não devia mais nada à Justiça". Sebastião, no entanto, queria provar sua inocência, e procurou o repórter Felício de Lucca Neto, que convenceu o delegado da cidade, capitão Georgino Jorge de Souza, a realizar a diligência.

O delegado obteve, por fim, a autorização do juiz, e Felício contratou um motorista de táxi, Sebastião Machado, para levá-los a Nova Ponte, juntamente com o cabo José Marques. Um lugar ficou vazio, no carro, reservado para trazerem Benedito de volta.

Chegaram a Nova Ponte à noite, e acordaram João Pereira da Silva, pai de Benedito, que confirmou que o filho estava na cidade, dormindo na casa de um cunhado.

Sebastião invadiu o quarto dele, acompanhado de policiais. Ao acordar, Benedito implorou para que Sebastião não o matasse, mas a reação dele foi outra. Abraçou o primo e disse: "Graças a Deus você está vivo! Vamos para Araguari, para todos verem que meu irmão e eu somos inocentes!"

Benedito declarou que, na madrugada de 29 de novembro de 1937, tinha sido roubado por três assaltantes que levaram todo o dinheiro da venda do arroz. Disse que sumiu de Araguari porque ficou com vergonha de não ter como pagar sua dívida. Pegou o trem das cinco da manhã e foi para Anápolis. Depois, para diversas outras cidades.

Disse que não sabia de nada que havia ocorrido naqueles anos todos. Não há nada que comprove se sabia ou não, mas o fato é que ele tinha mudado de nome: passara a se chamar José Alves Gomes, conhecido como José Goiano...

Em meados de 1953, os irmãos Naves foram inocentados oficialmente de toda e qualquer acusação de crime. Em 1960, Sebastião conseguiu receber do Estado de Minas Gerais uma indenização pelos danos morais devido à sua família e aos descendentes legais de seu irmão, Joaquim.

2015 – "... Atira, atira!"

No dia 25 de junho, na rua Marquês de São Vicente, na Gávea, zona sul do Rio de Janeiro, dois adolescentes forma abordados por policiais civis. Os policiais colocaram os adolescentes deitados na calçada, de bruços, procedimento de imobilização aparentemente correto quando não há paredes próximas. Enquanto faziam verificações de identidade, os pedestres em volta começaram a incitar os policiais. Começaram com gritos de: "Prende, prende!". Depois o coro mudou para: "Atira, atira!" e, finalmente, chegou no: "Mata! Mata!"

Nesse clima, surgiu um homem de cerca de 50 anos, usando terno, como mostram as imagens. Ele vem correndo, dá um chute na barriga de um dos garotos e, em seguida, chuta a cabeça do outro.

Os menores foram levados para 14ª delegacia e o caso foi esclarecido.

Os adolescentes tinham sido abordados porque estavam brigando. A confusão começou no ônibus, voltando da escola para casa. O motorista parou o ônibus e mandou os dois descerem. Eles continuaram a brigar na calçada, por isso os policiais os abordaram.

Mas os passantes interpretaram a cena como se tivessem sido detidos por um assalto.

O narcisismo está tomando o lugar do bom senso

Acredito que estamos vivendo um momento muito delicado, e talvez poucas pessoas percebam que estamos perdendo o bom senso, a compreensão e o respeito. Verdade seja dita, a humanidade nunca foi muito justa, mas agora parece que as ferramentas da internet, aliadas ao pessimismo que grassa em alguns países, inclusive o nosso, deram uma dimensão maior ao problema.

O impulso de culpar e acusar, sempre presente na sociedade, foi amplificado na última década pelo surgimento das redes sociais. Atualmente, um terço da população brasileira faz uso do Facebook[10], colocando o Brasil como terceiro do mundo em número de usuários.

Na posse de poderosas ferramentas de comunicação como Facebook, WhatsApp, Twitter e outras redes sociais, o indivíduo se transforma. Já não basta demonstrar que discorda de uma opinião ou oferecer um ponto de vista diferente. Parece que as críticas têm de ser agressivas, ofensivas, podendo até fazer referência às características físicas do alvo humano ou mesmo ameaçar sua integridade. Quanto mais ácida for a crítica, maior o número de *curtidas* que o usuário recebe.

Frequentemente, quem age assim não está compartilhando informação, mas disputando atenção. Podem ser pessoas inseguras, que precisam da rede social para sua autoafirmação. Pensam que estão contribuindo, mas estão apenas destruindo o pouco que a humanidade conseguiu evoluir. São pessoas comuns que, sob o domínio da Desculpability, potencializam sua tendência narcisista.

O narcisismo é um distúrbio de personalidade. Sua principal característica é a falta de percepção do outro, a incapacidade de identificar sentimentos e necessidades alheias. No livro *Enough about you, let's talk about me: how to recognize and manage the narcissists in your life*[11], o doutor Les Carter diz que "narcisistas não conseguem avaliar a dor que provocam no outro e nem sequer consideram a percepção do outro".

2015 – "Morra!"

Um dos mais renomados programas de entrevistas do Brasil é conduzido por Jô Soares, um humorista que, na sua carreira, conta com quinze filmes, 22 programas de TV e sete livros. No dia 13 de junho de 2015, sábado, foi ao ar a mais polêmica entrevista que ele já realizou: com a presidente do país, Exma. Dilma Roussef.

[10] De acordo com a Statista, o número de usuários brasileiros no Facecbook é, em 2015, de 75 milhões, e a previsão para 2018 é que chegue a 90 milhões. Disponível em: <http://www.statista.com/statistics/244936/number-of-facebook-users-in-brazil/>. Acesso em: 24 set. 2015.

[11] CARTER, L. *Enough of you, let's talk about me:* how to reconize and manage the narcissists in your life. Hoboven, NY: Wiley, 2008, p. 9.

Não assisti à entrevista. Vi as chamadas e não me despertaram interesse. Em vez de ser no estúdio do programa, seria gravada nas instalações do governo federal. Não me pareceu que o entrevistador estaria em busca da verdade. Depois, lendo algumas das perguntas que foram feitas, minha suspeita foi confirmada.

Mas, poucas horas depois de a entrevista ir ao ar, uma foto nas redes sociais anunciava o desejo de "morte" do humorista. Quarenta e oito horas depois, a foto já havia sido curtida por 35 mil pessoas e compartilhada 65 mil vezes. Alguns comentários faziam referência apenas à entrevista, mas outros falavam da aparência do apresentador, de suas condições físicas e de sua saúde. Além das críticas virtuais, a frase: "Morra!", seguida do nome dele, foi pichada na rua em que mora.

Conversando com amigos e clientes que assistiram à entrevista inteira, não encontrei ninguém que tivesse gostado. Mas xingar, pichar a rua na qual reside o apresentador e desejar a morte são atitudes de agressividade extrema.

2015 – "De costas você parece uma jamanta!"

Kristi Gordon é uma esguia e elegante apresentadora do canal de TV canadense Global BC. É formada em meteorologia e geografia pela Universidade da Colúmbia Britânica. Em abril de 2015, grávida de sete meses, ela estava apresentando a previsão do tempo quando começou a receber críticas via e-mail e redes sociais: "Você é a maior moça do tempo que já vimos!"; "De frente você parece o Hindenburg[12], de costas parece uma jamanta"; "Você tem que comprar roupas mais decentes e respeitar seu filho que ainda nem nasceu". Seus colegas de trabalho a apoiaram e ela continua trabalhando no Global BC.

Todos os casos citados têm um ponto em comum: a necessidade de acusar de forma radical ou de procurar culpados sem o menor interesse em ver o outro como um semelhante. E, provavelmente, se você relatar isso a alguém no calor de uma discussão, ouvirá que a pessoa que está sendo criticada não merece mesmo ser vista como um ser humano.

---

[12] Grande dirigível alemão que fazia voos entre a Europa e os Estados Unidos até ter um acidente trágico em Maio de 1937, pondo fim à era desse modelo de aeronave.

A intolerância se revela no mundo todo, pelos mais diversos motivos – políticos, econômicos, raciais, religiosos.

Nenhum entrevistador deveria ter a sua morte desejada porque pegou leve com o entrevistado. Nenhuma mãe deveria ser chamada de "vaca leiteira" porque tem leite demais e está doando o excesso. Nenhuma apresentadora de TV deveria ser criticada porque está grávida ou porque é negra.

Os exemplos que dei – e mais tantos outros de que você certamente se lembrou – são demonstrações de total falta de empatia e de interesse genuíno por outras pessoas. Esses dois conceitos são próximos, mas não são sinônimos.

Veja como as duas qualidades se distinguem uma da outra:

Empatia	Interesse genuíno
Capacidade de sentir como o outro sente e compreender suas necessidades.	Capacidade de hierarquizar as necessidades emocionais do outro.
Capacidade de reagir de acordo com essa percepção.	Capacidade de agir colocando as necessidades do outro na frente das suas próprias necessidades.

Pessoas apenas empáticas podem fazer um grande mal aos outros. É o caso de Frank Abagnale, que foi impostor dos 15 aos 21 anos de idade e ficou famoso por sua vida ter sido registrada no filme *Prenda-me se for capaz*, e Jordan Belfort, operador de Wall Street com uma incrível habilidade para vender, cuja vida foi contada no livro autobiográfico *O lobo de Wall Street*, que depois veio a ser um grande sucesso em filme. Ambos desenvolveram um enorme talento em fazer a leitura emocional das outras pessoas. Aprenderam a cativar e a usar de forma nociva suas habilidades, porém apenas por interesse próprio, sem o menor interesse genuíno.

Empatia sem interesse genuíno não traz nada de bom e nos tornamos um bando de narcisistas.

A relação entre Desculpability e corrupção

Vejamos os significados de corrupção no Dicionário Houaiss: depravação de hábitos e costumes, devassidão; ato ou efeito de subornar uma ou mais pessoas em interesse próprio ou alheio, geralmente com oferecimento de dinheiro; suborno; uso de meios ilegais para apropriar-se de informações privilegiadas em benefício próprio. Além disso, o dicionário indica outros significados, como deterioração, decomposição física; putrefação; adulteração das características originais de algo.

Corromper tem o sentido de decompor, estragar, tornar podre. Podemos estender esses significados para fragmentar, quebrar, no sentido de tomar aquilo que era íntegro e destruir sua integridade. Quem corrompe ou se deixa corromper precisa ficar em silêncio diante do grande público e se vangloriar para pequenos públicos.

Quando são questionadas, as pessoas corruptas dão sempre as mesmas respostas:

- Isso sempre existiu e sempre vai existir;
- Não estou tirando da empresa e sim do fornecedor;
- Se estou trazendo uma vantagem para a empresa trazendo um fornecedor mais barato, nada mais justo eu ter um benefício pessoal;
- O que eu estou pegando é muito pouco perto do que outros pegam;
- Se me pagassem melhor, com certeza eu não estaria fazendo isso;
- Se eu não fizer, outros farão;
- Não é pelo fato de eu parar de fazer isso que ninguém mais vai fazer;
- Não vou mudar o mundo se deixar de fazer o que estou fazendo.

O corrupto precisa gerar desculpas. Inicialmente para se justificar diante de si mesmo. Depois, já se sentindo intimamente justificado, gera desculpas para apresentar aos outros. Mas não é só por essas razões que relaciono corrupção à Desculpability.

O principal motivo tem relação com *transparência.*

Quando há transparência nos ambientes governamentais ou corporativos, há poucas condições para que a corrupção surja. E quanto menor a transparência, mais fácil que a corrupção viceje.

Por transparência, entende-se a existência de prestação pública de contas, com facilidade e livre acesso a informações, velocidade em apresentar dados, veracidade dos dados apresentados, atributos relacionados à Accountability Governamental.

Ainda não temos como mensurar o nível de Desculpability no mundo, mas podemos conhecer índices quantitativos de corrupção mundial, aferidos e divulgados pela Transparency International. Através dessa ferramenta, podemos avaliar como anda a Desculpability mundialmente.

Capítulo 4:

O alto preço que as empresas pagam

Qualquer babaca pode ganhar bónus no curto prazo,
mas, depois de uns cinco anos, a empresa afunda.

Jack Welch[1]

1 Ex-presidente emérito da General Eletric.

São muitos os problemas com que as empresas têm de lidar e que não têm nada a ver com Desculpability: dificuldades com fornecimento de matéria-prima, limitações de capital de giro, juros altos para novos investimentos, complexidade da carga tributária, retração do mercado – esses são apenas os que me ocorrem no primeiro momento, mas há muitos outros. Não pretendo colocar a Desculpability como o único problema que uma empresa pode ter, nem mesmo como o maior deles.

Porém, em ambientes onde a Desculpability é forte, a solução desses problemas reais é mais demorada do que em ambientes de alta performance. O desgaste emocional para as pessoas envolvidas é muito maior e o preço que as empresas pagam é alto.

É urgente que a liderança tome consciência da dimensão dos efeitos nocivos da Desculpability, colocando esse tema como uma das pautas na sua agenda.

A Desculpability é responsável por pelo menos dez efeitos nocivos nas empresas:

1. Produz tensão, estresse e perda de tempo

O presidente de uma grande organização multinacional me confessou que vive há anos à base de Rivotril[1]. Na empresa onde "começou por baixo", ele foi protagonista de uma carreira tão fantástica que qualquer editora adoraria publicar um livro sobre sua trajetória profissional. Seu nome é referência no segmento, teve e tem trânsito direto com o Planalto, teve e tem reuniões frequentes com os três ex-presidentes mais recentes do nosso país, e inclusive com a atual presidente, tem à sua disposição um belíssimo jato executivo. No entanto, os últimos quinze meses foram muito difíceis, não pela economia do país, mas pelas mudanças de governança dentro da empresa. Mesmo presidentes têm chefes: prestam contas ao seu superior direto, que é o presidente do conselho, e aos acionistas, que são quem realmente controlam a empresa. Ele se tornou, aos poucos, uma pessoa deprimida, seu estado emocional hoje não condiz com a sua posição profissional.

[1] Ansiolítico; remédio contra a ansiedade. Segundo a revista *Superinteressante*, o Brasil é o maior consumidor de Rivotril do mundo.

Reuniões presenciais, teleconferências e principalmente os *calls*[2] são a maior fonte de frustração e angústia de um executivo. Um executivo pode chegar a esses encontros se sentindo valorizado, mas sair humilhado. Pode entrar se sentindo respeitado, merecedor de reconhecimento, entusiasmado com a sua carreira e sair ofendido, menosprezado, angustiado quanto ao futuro.

Não são os problemas em si que afetam o emocional das pessoas. Lidar com eles faz parte do dia a dia de todos nós. O que realmente afeta nossa saúde mental, o que abala a autoestima de qualquer pessoa é a oscilação de emoções. A forma como um problema é apresentado pode agravar a situação, mas o principal é a forma como o executivo reage à atribulação.

A Desculpability tem um papel muito importante nesse processo, porque esse software não foi desenhado para encontrar soluções, e sim para identificar, apontar e punir supostos responsáveis pelo problema. Se esse processo ocorresse de vez em quando, seus danos não seriam tão devastadores. Mas apontar culpados e execrá-los diversas vezes por semana transforma a sala de reuniões em uma arena de combate, gerando estresse negativo, aumentando a tensão e acabando com a autoestima dos profissionais da empresa, desnecessariamente, sem nenhum efeito positivo no caminho da solução das questões que se apresentam.

2. Destrói a felicidade corporativa

Você acredita que pessoas felizes produzam muito mais do que as outras?

Um estudo publicado pela *Harvard Business Review* aponta que um ambiente de trabalho harmonioso reduz em 66% as faltas por motivo de saúde, o estresse negativo em 125% e a rotatividade em 51%. Além disso, a felicidade no trabalho impacta no engajamento: aumenta a produtividade em 31%, aumenta as vendas também em 31% e a margem de lucro cresce de 22% a 33%. A felicidade funciona como um elo de ligação entre a cultura corporativa e o propósito de trabalhar em uma empresa, diminui a tensão, aproxima as pessoas, aumenta o senso de pertencimento e a autoestima.

2 Reuniões somente via voz sendo usado Skype, telefone fixo ou aplicativos de voz.

Todos esses benefícios documentados que a felicidade pode trazer e outros que você deve estar intuindo não são percebidos pela grande maioria das empresas porque a Desculpability oculta essa verdade.

Quando a Desculpability entra no ambiente corporativo, saem a colaboração genuína e a vontade de participar, isso distancia as pessoas. Em um ambiente que convive com a necessidade de destacar erros e apontar culpados, não dá para alguém trabalhar feliz.

Gestores que relevam e menosprezam a força da Desculpability abrem mão de uma qualidade de vida melhor e também de um clima corporativo fantástico.

Felicidade e Desculpability não combinam e dificilmente se misturam.

3. Amplifica a culpa no sistema (TI)

Você já percebeu o quanto "o sistema" é criticado? O sistema caiu, o sistema travou, o sistema está lento... Realmente sofremos com isso, mas canalizar essas dificuldades para criticar a área de TI não ajuda. Às vezes a dificuldade não está no sistema, mas nas limitações de quem o usa, pessoas comuns como você e eu.

Uma grande empresa do setor gráfico produz caixas, embalagens e talões de cheque. Um dos sócios, L., me relatou a seguinte história:

Em 2005, ele e seus sócios, cansados de ver a empresa usar vários sistemas caseiros diferentes, composto de inúmeras planilhas e controles não unificados, decidiram implantar um sistema único de gestão empresarial. Fizeram uma cotação no mercado e, entre vários fornecedores nacionais e estrangeiros, escolheram uma empresa europeia de renome, cuja proposta estava orçada em 1,5 milhão de dólares. O prazo para a implantação era de dezoito meses. Pouco antes de assinar o contrato, L. foi procurado pelos executivos de três diretorias: TI, comercial e de logística. Eles levaram um pedido, endossado por cinco gerentes, para cancelar a contratação desse fornecedor.

Esses diretores argumentaram que já haviam estado em empresas que contrataram o mesmo fornecedor, e a implantação havia sido desastrosa. A alternativa era que, como a empresa B era muito específica, o sistema único de gestão deveria ser desenvolvido internamente, por um time de analistas coordenados pelo diretor de TI.

Apresentaram então uma proposta de desenvolvimento interno por um terço do valor orçado pela empresa europeia e que deveria ficar pronto em apenas nove meses. L. ficou encantado com a iniciativa do seu time e com os benefícios que o sistema desenvolvido internamente poderia trazer e cancelou a contratação. Passados sete meses, o diretor de TI apresentou o relatório da implantação, argumentou que o cronograma original não poderia ser cumprido e negociou uma verba adicional de 300 mil dólares e mais cinco meses de prazo. L. autorizou.

Dezoito meses após o início do projeto, já tendo gasto 800 mil dólares em vez dos 500 mil previstos, o diretor de TI apresentou um segundo relatório em que apontava a necessidade de mais seis meses de desenvolvimento e pedia um aporte de mais 300 mil dólares. L recusou.

Então os três diretores propuseram a contratação de uma empresa nacional, muito renomada, por um milhão de dólares, com prazo de implantação de doze meses. L. aceitou.

Passou-se mais um ano e meio, 800 mil dólares já tinham sido pagos à empresa indicada, e nada do sistema ir para o ar. L. pressionou o diretor de TI e seus pares, que se comprometeram a contribuir ao máximo para a implantação do sistema.

Veio então uma nova proposta: a contratação de uma outra empresa, desta vez multinacional, mas com implantação modular, cada módulo sendo implantado em quatro meses, com pagamento após a sua implantação. Apenas um pequeno adiantamento de 200 mil dólares seria necessário. L. aceitou, constrangido, mas, depois de seis meses, nada havia sido implantado.

Três anos e meio depois de ter iniciado todo esse processo, tendo investido mais de 1,8 milhão de dólares, ele tomou a decisão de demitir os três diretores e os cinco gerentes que foram contrários à primeira contratação e, por fim, chamou a tal empresa europeia. Em doze meses, o sistema de gestão estava unificado e rodando perfeitamente.

Nem sempre a culpa é exclusivamente do sistema.

4. Ridiculariza o processo de avaliação

Uma das queixas que mais ouço dos RHs é a de que o processo de avaliação "ainda está se consolidando". Como exemplo, me contam casos de uma empresa em que, em uma escala de avaliação de 1 a 5, um funcionário que mereceria nota 2 pela sua performance e atitudes, recebeu do seu gestor uma nota bem mais alta, 4. Quando questionado sobre o porquê de ele ter dado uma nota alta ao seu colaborador, o gestor justificou-se dizendo que "não queria deixar o funcionário desmotivado".

A principal razão para um funcionário se sentir desmotivado por uma nota baixa na avaliação anual é o fator surpresa. Gestores que passam o ano todo em silêncio com o seu time, sem compartilhar suas impressões e principalmente sem oferecer feedbacks genuínos, vão inevitavelmente provocar surpresas em sua equipe. Dar notas altas para "motivar" só piora a qualidade de gestão.

Essa é, infelizmente, uma faceta triste de boa parte da liderança nacional e latina, que coloca o clima harmonioso acima da performance, os melindres de um funcionário acima do mérito e o relacionamento amigável acima da franqueza. O líder que age assim está se esquivando de sua responsabilidade de agir de forma transparente, avacalha o processo de avaliação da empresa, desmoraliza o plano de carreira e a si mesmo.

Ele acredita que ser bem-visto pelo time é mais importante do que a conversa franca para exigir melhores resultados e, por isso, mantém a avaliação num nível superficial. Dessa forma, ele se sobrecarrega, porque *alguém* vai ter que fazer o trabalho que aquele funcionário nota 2 deixou de fazer. Assim, o líder prejudica os demais da sua equipe, a própria empresa e a si mesmo.

O curioso é que esse mesmo líder que deixa de lado a transparência no momento da avaliação de desempenho pode ser muito duro com a equipe, em todos os outros momentos. Ele não oferece *feedbacks* genuínos e avaliações firmes, mas ameaça e pratica o assédio moral. Será que o velho ditado "cão que ladra não morde" pode ser aplicado a esses gestores?

A falta de transparência gera Desculpability.

5. Desmoraliza a meritocracia

Preparando o *briefing* de uma convenção de início de ano com o presidente de uma empresa, ouvi dele que o astral do segundo e do terceiro escalão não estava muito bom, porque, pela primeira vez, a empresa não iria pagar o bônus. Tentei confortá-lo, dizendo que nem sempre é possível bater as metas, e que, de vez em quando, é normal isso acontecer. Decerto, durante aquele ano, todos se esforçariam para voltar a receber o bônus.

Então ele me disse algo inacreditável: fazia onze anos que as metas não eram atingidas, mas que mesmo assim os controladores decidiam pagar o bônus, em consideração ao esforço de todos e para não desanimar os executivos! No entanto, naquele ano, tinham perdido a paciência. Perguntei a ele como seria um campeonato de futebol em que os times se classificassem não pelos gols feitos, mas pelo esforço dos jogadores no treino e durante o jogo.

Mesmo não concordando ou não gostando, é importante nós entendermos que cada vez mais as empresas se espelham no mundo dos esportes, porque no setor esportivo o resultado de hoje é o que importa, bem diferente de empresas que se prendem às glórias do passado.

Acredito que não exista presidente ou diretor de empresa que discorde dos benefícios dos programas de implantação da meritocracia. Esses programas aperfeiçoaram-se muito, tornaram-se mais sofisticados e, atualmente, é muito comum encontrar empresas com Alvos[3] de até dezoito salários anuais de bônus e que propagam ter um programa de remuneração ousado e agressivo. No entanto, muitos desses programas foram implantados parcialmente, sem as ferramentas de base que lhe dariam estrutura, como programa de metas, avaliação real do desempenho, ciclo de gente, transparência e, principalmente, gestão por consequência.

Sem a gestão por consequência, o executivo não percebe quando suas ações têm um resultado negativo; tem a sensação de que nada de ruim pode acontecer, desde que ele atinja sua meta. Por isso não é raro encontrar casos de desvio de conduta, em que tudo se justifica em nome de uma meta a ser atingida.

Transparência e gestão por consequência não combinam com Desculpability.

---

[3] Conceito de remuneração variável para quantificar o bônus anual em número de salários.

6. Desencoraja a criatividade

Entendo criatividade como a habilidade[4] inata para gerar novas ideias. Não estou sozinho nessa crença: "Nascemos originais, mas morremos cópias" é uma clássica frase de Carl Jung, que ilustra seu pensamento sobre o processo de destruição da criatividade ao longo da vida.

Vale lembrar que o simples pensamento de gerar uma ideia nova já é, em si, um movimento de risco. Contar suas novas ideias para outras pessoas é um movimento ainda mais arriscado.

O pensamento desencantado de Jung pode ser explicado com a seguinte situação:

Vamos supor que um colaborador recém-contratado esteja muito motivado com o novo emprego. Sua cabeça explode com novas ideias, o tempo todo ele vê oportunidades de aperfeiçoamento. De repente, sua mente foca em um processo de que todos na empresa se queixam. À noite, em casa, ele pesquisa, identifica a raiz desse problema, percebe que pode dar à empresa uma enorme contribuição, rascunha um projeto para solucionar o problema e, na reunião mensal de resultados, pede a palavra e corajosamente o apresenta.

Você acha que uma ideia de um novato seria aceita? É claro que não. Apesar de não ter sido analisada, e de ninguém sequer considerar a hipótese de estudar a solução apresentada, ela é criticada e recusada. O novo colaborador se sente menosprezado. No mês seguinte, continua interessado em contribuir, ainda está motivado, mas não tanto quanto nos primeiros dias. As novas ideias continuam vindo, mas já não jorram. No final do mês, há uma nova reunião de resultados; o colaborador foca em outro problema, apresenta nova contribuição, desta vez menos empolgado. A situação se repete: a ideia não é aceita. Ninguém pensa em quanto tempo ele gastou no desenvolvimento da solução, ninguém faz perguntas para entender melhor seu ponto de vista. No terceiro mês, ele está igual aos outros. Apenas engajado. Já aprendeu a ver os problemas da empresa como "normais". Se na sua cabeça surgir uma ideia nova aqui e outra ali, ele não a apresentará na reunião. Comparece, entra quieto e sai mudo, não tem mais

---

4 Habilidades natas são aquelas que desde cedo são facilmente percebidas em crianças e jovens adultos, também definidas como talentos, e inatas, aquelas que podem ser desenvolvidas através da prática.

interesse em contribuir. Na próxima, talvez ele já tenha aprendido a reclamar dos processos sem se preocupar em buscar soluções. E, um ano depois, vai recusar as ideias de um novato porque ele "ainda não conhece bem a empresa".

O desaparecimento de novas ideias nas empresas não ocorre por acaso. É resultado de um processo de destruição sistemático e eficiente que pode começar com a forma pela qual o colega ao lado reage a uma ideia nova, passa pela maneira como os demais participantes das reuniões recebem qualquer proposta de mudança e termina com a atitude do líder diante de novas ideias.

Ideias são como sementes: precisam de solo, água, nutrientes e sol. Precisam de um ambiente propício para germinar. Tal local, numa corporação, é um ambiente livre de críticas onde a mente se sinta segura para se expor e possa assumir riscos.

Ideias seguras, sem riscos, são ideias comuns e dificilmente trarão contribuições relevantes. Sem que os riscos sejam aceitos, não há como ter novas ideias. Assumir riscos não combina com Desculpability.

7. Compromete a inovação

Diferentemente de criatividade, que é uma habilidade, a inovação é a capacidade[5] de pôr em prática as novas ideias. Uma pessoa pode ter excelentes ideias, novas, mas não ter condições (internas e externas)[6] de colocá-las em prática. Da mesma forma, uma empresa pode ser criativa, mas não consegue inovar. Falta capacidade coletiva de inovação. O mesmo pode ser estendido a países: uma nação pode ser criativa, mas não ser também inovadora.

Em um indivíduo, é fácil perceber a distância entre criar e inovar. Todos conhecemos alguém que há muito tempo garante que algum dia vai realizar algo importante, mas o tempo passa e eles acabam não realizando nada. São criativos, mas, por algum motivo, não conseguem canalizar energia e tempo, transformando suas ideias em ações inovadoras.

---

[5] Potencial para praticar conhecimentos e habilidades. Competência.

[6] Condições internas: autoestima, coragem, ambição, persistência, capacidade técnica etc. Condições externas: recursos financeiros, apoio moral, suporte técnico etc.

No mundo corporativo há diversos exemplos de empresas que são como essas pessoas. O caso mais clássico é o da Kodak, que se tornou um celeiro de ideias e patentes, mas que não conseguiu ou não quis colocá-las no mercado na velocidade que o mercado exigia. A Kodak foi fundada em 1888 por George Eastman para produzir a primeira máquina fotográfica dirigida para os fotógrafos amadores. Oferecida ao mercado com filme de 100 poses, pelo valor de 25 dólares (equivalentes a 625 dólares de hoje). Eastman era obcecado por inovação. Criou na empresa uma área exclusivamente para pesquisa e desenvolvimento (P&D) de novos produtos. Em 1912 foi fundado o Laboratório de Pesquisas da Kodak.

Entre os diversos casos de patentes desenvolvidas pelo laboratório, vale destacar a câmera fotográfica digital desenvolvida em 1975 pelo engenheiro Steven Sasson. Steven apresentou seu protótipo, funcionando perfeitamente, a um grupo de diretores. Sua ideia foi imediatamente rechaçada. Timothy Lynch, que era o CIPO[7] na época, diretor de Propriedade Intelectual que trabalhou na Kodak até 2014, conta que ele e seus colegas disseram a Steven: "Leve essa caixa daqui, vá embora, nós nunca mais queremos ver você novamente".

Desde sua fundação até a falência da companhia, em 2012, o laboratório havia desenvolvido uma enorme quantidade de projetos, o que resultou em um fantástico acervo de 22 mil patentes, avaliado por analistas do mercado financeiro em 4,5 bilhões de dólares, segundo a revista *Spectrum*[8]. Mas "avaliação" é uma coisa, convencer alguém a pagar esse valor é outra muito diferente... O grupo de empresas[9] que arrematou as patentes em leilão derrubou os preços. O lote mais bem-avaliado, composto por 1 100 patentes de imagem digital, foi arrematado por apenas 525 milhões, muito abaixo do que se esperava.

Posteriormente, a Kodak lançou a máquina digital no mercado, mas foi uma das últimas a entrar no segmento digital. Tarde demais.

---

[7] *Chief Intellectual Property Officer.*

[8] A *IEEE Spectrum* é uma revista do Institute of Electrical and Electronics Engineers (IEEE), fundado em 1884 em Nova York por entusiastas de eletricidade e telefonia, duas tecnologias revolucionárias para a época.

[9] Apple, Facebook, Google Microsoft e Samsung.

Entre os países, um exemplo claro, mas muito dolorido para nós, é o do Brasil. Uma nação com um potencial criativo enorme, perfeitamente percebido em nossa culinária, música, arquitetura, diversidade cultural, mas muito mal classificada entre os países mais inovadores. No último ranking dos 50 países mais inovadores, elaborado pela Bloomberg[10], nosso país ficou na 47ª posição. Foi a melhor colocação desde que o ranking começou a ser elaborado, em 2005. Mas é incoerente com a imagem de um país que está entre as dez maiores economias mundiais.

A pessoa que trabalha em um ambiente onde a Desculpability está presente (lembrando que no coletivo a Desculpability não convive bem com o que é diferente) tem sua autoestima inevitavelmente abalada. Passa a não se achar suficientemente inteligente e capaz, desenvolve uma autocrítica muito severa consigo mesma e nem tenta colocar em prática uma nova ideia por falta de autonomia. Finalmente, torna-se alguém sem ideias para pôr em prática e para inovar.

Isso é o que a Desculpability faz com a inovação.

8. Fragiliza a hospitalidade

Servir bem, acolher calorosamente, atender de forma profissional e resolver com eficácia problemas de clientes, hóspedes e pacientes é o foco da hospitalidade. Esse nível de qualidade de serviço é resultado de bons processos (que garantam o padrão), cultura de serviço (que garantam o acolher e o servir) e autonomia para lidar com casos de desvio de padrão.

Recentemente, ao fazer um *check-in* para um voo doméstico, comprei na loja da empresa aérea um daqueles assentos diferenciados, com um pouco mais de espaço. Minutos antes do embarque, a empresa informou que, em função da junção de dois voos, os assentos estariam livres. Consequentemente, o número da poltrona no ticket não teria função alguma. Como eu voo com frequência, guardei o ticket para usá-lo na viagem seguinte. Na mesma semana, em outro

10 É uma agência de notícias financeiras com canal televisivo de negócios fundada em 1981 por Michael Bloomberg. Magnata e filantropo, foi prefeito de Nova York por três mandatos, de 2002 até 2013, período durante o qual a cidade teve enorme desenvolvimento social e econômico.

voo que partia do mesmo aeroporto, fui novamente à mesma loja e, por coincidência, fui atendido pela mesma pessoa. Solicitei o assento especial que tinha sido pago e apresentei o ticket do voo anterior, que não pôde ser honrado. A atendente olhou o ticket e me disse que teria que verificar se realmente aquele voo havia partido com assentos livres. Essa verificação teria que ser feita através de contato com a central de operações e seria um processo demorado, levaria em torno de duas horas. Pedi então que ela acessasse meu histórico, como passageiro: ver há quanto tempo eu voo com a empresa, a quantidade de milhas voadas etc. Claramente, não havia motivo para desconfiar de um passageiro constante, por um valor tão pequeno. Ela encontrou meu histórico de voos, mas disse que não podia fazer nada.

Certamente, situação semelhante a que aconteceu entre mim e essa companhia aérea já aconteceu com você uma ou mais vezes em alguma ocasião.

Mas problemas assim poderiam ser resolvidos se quem estivesse nos atendendo colocasse em primeiro lugar o cliente e, em segundo lugar, os procedimentos. Afinal, a razão de existir de uma empresa é o cliente, certo?

Não acredito que a profissional que me atendeu estivesse com má vontade. Acho que na verdade ela estava com medo. Como alguém vai ousar quebrar um processo para resolver um problema de um cliente, se sabe que existe a possibilidade de receber críticas severas por isso?

Desculpability não combina com autonomia. Nem com flexibilidade, cortesia, simpatia, empatia, interesse genuíno, rapidez e cordialidade – elementos fundamentais para um oferecer um serviço excelente.

9. Dificulta planejamentos e estratégias

Conduzi dezenas de workshops de planejamento estratégico em empresas nacionais e multinacionais. Aprendi muito com todos.

A agenda de um evento desse tipo geralmente é assim: pela manhã, apresentação dos resultados anteriores e visão do cenário econômico; à tarde, apresentação das metas do próximo ano e desdobramentos para os times: o que cada área terá que entregar. Na ocasião do desdobramento, conversas que deveriam demorar entre quarenta minutos e uma hora, no máximo, acabam levando a tarde inteira, porque as pessoas envolvidas demonstram uma resistência enorme a aceitar o que está sendo proposto. Fazem contrapontos às metas, sofrem antecipadamente por problemas que nem sabem se vão surgir, prevendo necessidades de mais recursos técnicos e humanos, sem ter base para uma argumentação sólida, mas já contra-argumentando que talvez não seja possível entregar o que está sendo pedido. No *coffee break* da tarde, é possível ver expressões faciais que demonstram claramente o descontentamento com as propostas do encontro.

A maior dificuldade para conduzir um evento desses não é conseguir apontar para onde a empresa deve ir, em termos de metas e desafios, mas sim fazer com que as pessoas que irão executar a estratégia se alinhem, se engajem e realmente se comprometam a cumprir o que foi proposto. Assumir compromissos a longo prazo é difícil para os adeptos da Desculpability. A possibilidade de vir a ser cobrado provoca um grande receio.

E visão positiva do futuro não combina com Desculpability.

10. Retarda a execução

Para a execução de qualquer projeto, precisamos de dois blocos: ferramentas adequadas e fator humano.

Ferramentas são processos, sistemas, equipamentos. O fator humano envolve a capacidade técnica, pensar como dono, coragem, ambição e senso de urgência.

Todos os fatores humanos positivos são parte do perfil do Accountable, ou seja, o indivíduo que pensa, age como dono e entrega resultados excepcionais.

Na maior parte das situações, quando aparecem problemas de execução parcial ou inexistente, a causa está no bloco de fatores humanos.

Capítulo 5:

O sucesso pode mascarar muitos erros

Não tente ser um homem de sucesso,
e sim se esforce para ser um homem de valor.

Albert Einstein[1]

---

1 Albert Einstein foi um cientista alemão, autor da Teoria da Relatividade ($E=MC^2$). Prêmio Nobel de Física em 1921, Einstein foi um grande disseminador do pensamento criativo e uma de suas frases mais famosas é: "A imaginação é mais importante do que o conhecimento. Conhecimento é limitado. Imaginação circunda o mundo".

Gato por lebre

Se todos os seres humanos nascem com um programa operacional cujo objetivo é primariamente nos defender, sendo que para desempenhar essa função é necessário culpar os outros e cuja versão coletiva tem um efeito ainda mais nocivo, no Brasil temos uma agravante: a grande dificuldade para formar Pessoas Excelentes.

De 1990 até 2010, o Brasil cresceu a uma média de 3,2% ao ano. Parece pouco, não é? Mas esse crescimento contínuo acrescentou em vinte anos, 2 trilhões de dólares no PIB do país e chegamos a ser a sétima economia mundial. Esse enorme volume financeiro, somado a um aumento de 32% da população, empurrou o crescimento de empresas e forçou a promoção de executivos que tiveram grandes oportunidades de carreira nas suas próprias empresas e no mercado.

Algumas empresas souberam aproveitar o bom momento da economia nesse período para alavancar suas operações e expandir seus negócios. Outras cresceram pegando carona nesse movimento, e também tiveram sucesso, não por esforço próprio e por performance, mas aquele tipo de sucesso que mascara erros. Podemos dizer que foram no vácuo das que cresciam em alta velocidade. Junto com esses resultados positivos, vem a empolgação que ofusca a percepção.

Esse movimento gerou no mercado uma enorme necessidade de "fabricar" gente especializada. Por "fabricar" gente, entendemos a formação técnica, acadêmica, transformando analistas plenos em gerentes, gerentes em diretores, diretores em vice-presidentes e estes em presidentes ou CEOs. Mas junto com a formação técnica e acadêmica, deveria vir junto a formação moral e ética de analistas plenos.

Muitos profissionais foram preparados pelas próprias empresas em que trabalhavam e promovidos internamente, outros foram identificados externamente e recrutados por consultorias especializadas, vindo a assumir cargos com grandes responsabilidades e remuneração maior. Boa parte desses novos gestores são merecedores legítimos do seu crescimento profissional, atingiram essas posições por real competência. Mas nem todas as promoções aconteceram por mérito real.

Acompanhei de perto alguns casos de executivos em posição gerencial que foram promovidos pelo mercado, via consultorias de talentos para a posição de diretores e, imediatamente, elevados a uma posição de vice-presidência em menos de dois anos. Fico feliz pelo crescimento profissional de todos, mas sei que nem todos estavam prontos para enfrentar as responsabilidades dessas novas posições

Alguns casos de pessoas promovidas para altos cargos são um tanto bizarros e merecem uma análise:

- Trabalhando há menos de quatro meses na empresa A, um diretor de RH fez uma concorrência para trocar o fornecedor do plano de saúde no trabalho. O atual fornecedor estava cobrando R$ 34,00 por funcionário e foi escolhido um novo fornecedor, com serviços tão bons quanto, cuja a oferta na proposta foi de 28 reais. Mas antes de assinar o novo contrato, o fornecedor vencedor recebeu um telefonema do diretor de RH, pedindo para que em vez de 28 reais por funcionário, fosse colocado na proposta 31 reais e em troca, essa empresa deveria pagar um plano de saúde para a filha do diretor de RH, no valor aproximado de 10 mil reais por mês. A sócia-diretora da empresa que ganhou a concorrência ficou desconfortável com esse pedido, fez uma busca na internet e encontrou um vídeo do presidente da empresa A, no qual ele falava da importância dos valores e dos princípios éticos. Ela então ligou para a empresa A, pediu para falar com o presidente e contou o que o diretor de RH havia proposto. O diretor de RH foi demitido.
- Em uma empresa multinacional, uma determinada diretora tem um time formado por cerca de doze gerentes, homens e mulheres. Ela tem mais de vinte anos de experiência profissional, mas fala abertamente de sua vida sexual para a equipe, queixando-se do desempenho do seu marido e pedindo conselhos, ora para um, ora para outro. Nas festas de confraternização nas quais são convidados os respectivos cônjuges, seu time encontra o seu marido, não precisa dizer o tamanho do constrangimento que isso causa a todos.
- Um diretor executivo do setor energético foi demitido por justa causa porque usou o cartão corporativo para comprar passagens aéreas para seus pais, ele não comunicou ao RH e nem havia pedido autorização à área financeira. Quando soube do motivo da sua demissão, perguntou em tom de deboche: "Só por isso?".

- Em uma grande empresa nacional de varejo, havia uma diretora que tinha perdido a filha havia quatorze anos, quando a criança tinha dois anos. Demonstrando uma enorme dificuldade em superar esse trauma e elaborar o luto de forma produtiva, a executiva continuava a comemorar o aniversário da sua filha todos os anos e seu time tinha que dar presentes – de acordo com a idade que ela teria. No dia em que fui entrevistá-la, fui orientado a levar um presente porque quem deixasse de presenteá-la se tornava uma "persona non grata", então comprei uma agenda de adolescente, porque a garota estaria fazendo 16 anos. Quem visitou sua casa conta que o quarto da menina permanecia ativo, com músicas de adolescentes tocando no Ipod, TV ligada em canais com programas *teen*, e guarda-roupa renovado de acordo com a idade que ela teria.
- Um diretor, casado, assediava uma estagiária – em forma de brincadeirinhas, flerte, convites, elogios à "saúde" da garota via WhatsApp. Foi demitido por justa causa.
- Um vice-presidente trocava e-mails com seu genro, contratado à revelia do RH e do presidente, criticando a empresa e debochando do próprio presidente. A área de TI imprimiu os e-mails e os apresentou à diretoria. Foram demitidos tanto o vice-presidente como o genro.
- Em um workshop que eu conduzi, um diretor passou o tempo todo lendo um livro no fundo da sala, para deixar claro que estava contrariado por ter que participar de um evento corporativo em um sábado.

Tive a oportunidade de conhecer todos esses executivos, seus pares e superiores e não tenho dúvida das suas formações acadêmicas e tampouco das suas competências técnicas, mas todos estavam incompletos. Para alguns faltou bom senso, para outros, estrutura emocional condizente ao cargo e para outros faltaram a formação moral e ética.

Vi tantos diretores, gerentes e analistas sênior agindo de forma imatura que chego à conclusão de que muita empresa contratou gato por lebre, talvez pela urgência de preencher uma vaga ou talvez porque os profissionais foram muito bem embalados pelo mercado.

Em vez de diretores, temos "gerentores"

S. é fundador e atual presidente da indústria X. O mercado em que atua tornou-se mais competitivo nos anos recentes, depois de cinco aquisições feitas por dois grupos multinacionais que disputam o segmento palmo a palmo.

De repente, ele precisava colocar a empresa em ritmo de alta performance e sabia que deveria apoiar sua estratégia em finanças, operações, comercial, TI e RH. As diretorias das quatro primeiras áreas estavam completas, com executivos que desde o início acompanharam S. na construção da empresa. Faltava encontrar um executivo de RH, um diretor de gente. Alguém com experiência em coordenar processos de transformação de cultura e que tivesse no seu histórico a implantação de programa de gestão de alta performance. Para a empresa X, esse programa deveria conter, entre outras, as seguintes ferramentas: um agressivo sistema de meritocracia, um sistema de avaliação de desempenho, pesquisa anual de clima e um calendário anual de ciclo de gente. Além disso, o gestor de RH precisaria implantar, para o nível dos diretores, um programa de coaching com foco em técnicas de *feedback* e, para os três níveis hierárquicos seguintes (gerentes, coordenadores e supervisores), um programa presencial e outro à distância (EAD)[1] de desenvolvimento de liderança que abordasse conteúdos de influência, comunicação e exemplo.

S. sabia exatamente o perfil que procurava: queria um profissional com "faca nos dentes"[2].

Sabendo que tenho bons contatos nessa área, pediu minha ajuda. Para balizar a busca, entrevistei os diretores que já estavam na empresa. Com exceção do executivo de TI, eles me desapontaram. Tive a sensação de que eram juniores demais.

Por pura sorte, encontrei entre os meus contatos um profissional ideal, que respondia integralmente a esse desafio. R. tinha a mobilidade necessária, já havia implantado programas semelhantes em empresas maiores e, apesar de estar

---

1 Educação à distância.

2 Expressão usada para indicar alguém com grande ambição, capaz de qualquer coisa para atingir seus objetivos.

bem empregado, com um pacote[3] de remuneração um pouco acima da média, demonstrou interesse em se movimentar profissionalmente. Na empresa em que estava, ele não teria chance de implantar nem a metade dos programas que S. esperava – e um executivo desse porte sente falta de ser constantemente desafiado.

Fiz a aproximação inicial entre eles em um café. Procuro sempre escolher um ambiente informal, pois a descontração facilita o trabalho de avaliar se há "química" entre as partes. Havia. S. e R. se integraram de tal maneira que, ao final do café, pareciam amigos que não se viam fazia tempo.

Depois, expliquei para S. que a remuneração de R. estava um pouco acima da média do mercado e perguntei se, mesmo assim, deveríamos seguir em frente. S. respondeu que havia gostado tanto dele que não queria ver outros candidatos. O dinheiro não seria problema. Pediu que eu desse continuidade ao processo.

Dois dias depois, formalizei a proposta, por e-mail, oferecendo a R. um ganho de vinte por cento sobre seu pacote de remuneração. Para sair da empresa que estava, em que seus vencimentos chegavam a 280 mil dólares por ano, a empresa de S. oferecia 330 mil dólares/ano.

Uma hora depois, S. me ligou, desanimado. Disse que, apesar de ter certeza de que R. era o profissional ideal para a empresa, não poderia contratá-lo, porque a remuneração dos demais diretores era de 220 mil dólares por ano. Ele não poderia estender a diferença de 110 mil dólares por ano a toda a diretoria. Mesmo assim, não descartou de cara a possibilidade de contratar R. e me pediu que tentasse encontrar uma solução.

Eu tinha recebido recentemente uma boa pesquisa de mercado, contendo pacotes de remuneração anual de gerentes, diretores e vice-presidentes de diversas empresas. Mostrei a S. que o que estava errado não era a remuneração de R., e sim quanto a empresa X estava pagando aos seus diretores. Era uma remuneração de gerentes. S. reconheceu que pagava abaixo da média.

Como S. argumentava que não poderia aumentar a remuneração de todos os diretores, sugeri que R. fosse contratado como vice-presidente, reportando-se

[3] O pacote de remuneração geralmente inclui 13 salários anuais, bônus de 4 a 6 salários, carro (que para a diretoria geralmente é um carro importado de tamanho médio/grande, blindado ou não) e plano de saúde premium.

diretamente ao Conselho. Assim, não haveria pressão dos demais diretores por equiparação salarial.

A princípio, S. gostou da proposta, mas pediu tempo para pensar nela. Retornou argumentando que, mesmo sabendo que R. era a melhor opção e que transformaria a cultura na empresa, não iria contratá-lo para não desvalorizar os atuais diretores, que estavam com ele havia tanto tempo. Reconheceu que, ao remunerá-los como gerentes, tratava-os também como gerentes, dava a eles autonomia de gerentes e recebia de volta um trabalho à altura de gerentes – e não diretores. Acabou contratando um "diretor" de RH que não tinha a metade da bagagem profissional de R., mas que receberia remuneração igual à dos demais "diretores". Decidiu escolher um executivo de RH que não alterasse os compromissos financeiros já planejados e que, principalmente, não provocasse nenhum constrangimento aos seus diretores, companheiros de longa data.

Independente de quem foi o profissional que ele contratou, ficou claro que os problemas operacionais de que S. se queixava eram na realidade problemas com o quadro de "diretores" sem senioridade nem competência.

Não foi só na empresa de S. que percebi isso. Vi muitos executivos em altos postos com atitudes profissionais bem abaixo do título que ostentavam ou do cargo que ocupavam.

Temos grandes executivos muito bem preparados atuando dentro do país e no exterior; o talento nacional, quando bem desenvolvido e preparado, pode gerar excelentes líderes.

Mas esse talento precisa ser moldado, lapidado, para que alguns "defeitos de fabricação" sejam reparados. Principalmente a Desculpability.

Cargos e títulos não são garantia de boa influência

Segundo o professor Vicente Falconi[4], a missão do líder é bater meta com seu time, fazendo o certo. Soa bastante simples, não? Mas é uma missão muito desafiadora e tem desdobramentos que é importante reforçar:

---

[4] Consultor, escritor, palestrante, conselheiro e fundador da Falconi Associados, empresa que oferece consultoria de gestão.

- *Bater meta:* o líder deve ter objetivos a serem alcançados. Sem objetivos, sem metas, para que uma empresa precisa de um líder?
- *Com seu time:* se o líder tem no seu time dez colaboradores, mas consegue bater a meta com apenas oito, para que ele precisa dos outros dois? Ou ele não precisa de um time tão grande, ou tem que se propor uma meta mais ambiciosa.
- *Fazendo o certo:* ele precisa bater a meta seguindo um processo, um método, e não de qualquer jeito. Muito menos de um jeito que não seja o jeito da empresa. Além disso, a meta tem que ser batida sem desvios de conduta.

O canal para o líder cumprir sua missão (bater meta com seu time, fazendo o certo) é a liderança. E a base da liderança é a influência. Faz muito sentido a definição de Norman Schwarzkopf[5] de que influenciar é fazer com que as pessoas façam bem-feito e de boa-vontade aquilo que normalmente não fariam[6]. Influência, portanto, é base da liderança. Sem influência, não há como uma equipe bater meta.

Fiz questão dessa pequena introdução conceitual sobre liderança para trazer à tona o mito de que quanto mais alto for o cargo – diretor, vice-presidente e presidente – maior é a influencia que esse profissional tem, o que está longe de ser verdade. No futebol, por exemplo, o título de "técnico do time" não garante a liderança de alguém perante os jogadores. Há casos de times em que quem realmente manda é o atacante, não o técnico. Há famílias nas quais quem manda não é o pai nem a mãe, é a filha ou o cão. O mesmo ocorre nas empresas: títulos de gerente, diretor ou presidente não são garantia de influência.

É possível, portanto, que haja empresas nas quais a liderança foi conferida a executivos muito bem preparados pelo mercado, mas também pode haver executivos parcialmente preparados que receberam função de liderança, mas que não exercem influência nenhuma sobre suas equipes.

---

5 General norte-americano responsável pelas operações de libertação do Kwait (Desert Shield) e invasão ao Iraque (Desert Storm).

6 Influência é a habilidade de uma pessoa em afetar a decisão e a ação de outras com ou sem autoridade formal para tanto.

Bom dia, obrigado e até logo!

Uma das convenções mais bonitas de que já participei teve seiscentos participantes reunidos por três dias em um lindo resort no norte do país. Cinco níveis hierárquicos da multinacional estavam presentes: presidente, vice-presidentes, diretores, gerentes e supervisores. Alguns vieram do exterior especialmente para esse encontro, no qual nada poderia dar errado, já que tinha sido desenhado para ser o divisor de águas no estilo de liderança da empresa.

Com uma verba de 1,5 milhão de dólares, os organizadores não economizaram em nada. Contrataram palestrantes de renome para as apresentações durante o dia, uma trupe de eventos esportivos para as atividades de lazer ao entardecer na praia, uma festa a fantasia para a primeira noite e um luau para a noite seguinte.

A logotipia era impecável: uma bandeira, que parecia estar em movimento, mesclava as cores da empresa com as cores de seu país de origem, tendo ao centro o título do evento: BOAS. O logo estava nos banners, nas camisetas, nos kits distribuídos no cadastramento – contendo crachá, pasta, agenda do evento, lápis e um lindo Moleskine – e até nos brindes distribuídos nos quartos.

Pensei que BOAS significasse *boas-vindas*, já que a multinacional ainda estava em processo de integração, pois havia concluído fazia um ano a aquisição de uma empresa brasileira. Depois, ao ler o folder do evento, constatei que BOAS era, na realidade, um acrônimo de Bom dia/Obrigado/Até Logo/Sorriso. Assim que pude, perguntei ao meu contato da área de RH, que havia me contratado, se ela não achava estranho organizar um megaevento daquele porte, com uma enorme verba, para ensinar a adultos aquilo que nossos pais ensinaram quando éramos crianças. Ela abriu o laptop e me mostrou a pesquisa de clima de cerca de quatro meses antes. Selecionou um slide. Na tela apareceu um enorme gráfico de pizza dividido quase ao meio. De um lado, uma enorme fatia indicando um percentual de 57%. Ela me pediu para ler a legenda abaixo do gráfico, que continha a seguinte frase: "Meu gestor não me dá bom-dia!" Havia várias fatias pequenas no lado esquerdo que indicavam outras queixas.

Ela disse que já não sabia o que fazer. Era a quarta pesquisa de clima que indicava esse problema crítico: os gestores não cumprimentavam suas equipes!

No voo de volta para casa, pensei em quantas vezes já tinha presenciado isso e me lembrei de vários exemplos semelhantes. Cheguei à conclusão de que, pelo menos, essa empresa teve coragem para expor de forma clara, para seu público interno, que esse problema existe e demonstrar que os controladores, junto com o RH, desejam corrigi-lo.

Lembrei-me também de um outro evento semelhante, com um público bem menor, voltado apenas para gestores sênior. Eu estava no fundo da sala, aguardando o momento de encerrar o dia com uma palestra cujo o tema era "O papel do líder Accountable na melhoria do clima".

Depois de um dia inteiro de gráficos, estatísticas e leitura de frases dos entrevistados sobre a empresa, suas funções e seus relacionamentos, um participante levantou a mão e fez a seguinte pergunta: "Quer dizer que se eu cumprimentar o meu pessoal, o clima melhora?"

Fiquei absolutamente surpreso com a dúvida dele.

Primeiro, pelo fato de ser um gestor sênior – aliás, me deu a impressão de que era um dos mais sênior da sala. Segundo, pelo fato de que acreditei que, na primeira meia hora da apresentação, isso tivesse ficado claro. Terceiro, porque esse tópico tinha sido tão repetido que imaginei que até o técnico da mesa som e o *maître* que entrou para repor água e café já tinham entendido a mensagem.

Conversei com Ruy Shiozawa, presidente da Great Place to Work, uma das empresas referência em pesquisa de clima empresarial, e perguntei a ele se essa queixa ("Meu gestor entra na seção e não me dá bom-dia!") surgia em casos isolados ou se era recorrente. Ele me disse que a instituição já havia realizado, até aquele momento, 1 400 pesquisas, e essa queixa aparecia em pelo menos 40% das análises feitas. Ou seja, quase seiscentas empresas tinham gestores que pecavam na civilidade, o básico de qualquer relacionamento.

Seis expressões estão desaparecendo do vocabulário dos líderes:

1. Bom dia;
2. Por favor;
3. Obrigado;
4. Desculpe;
5. Parabéns;
6. Até logo.

São palavras universais de aproximação, cordialidade, respeito e gratidão. Se um turista vai visitar qualquer país, tem que conhecer e usar essas seis expressões, essenciais para a civilidade da comunicação.

Alguns músicos estrangeiros em turnê por aqui conquistaram mais fãs só porque, ao entrar, disseram "oi!" e, em um momento, soltaram um "obrigado, Brasil!" com ou sem sotaque.

Bastava os líderes lerem clássicos de autoajuda, como o antigo *Como fazer amigos e influenciar pessoas*, de Dale Carnegie[7]. E nem seria necessário ler o livro todo, bastaria o segundo capítulo, intitulado "Seis formas de fazer as pessoas gostarem de você", que contém três subcapítulos:

1. "Torne-se genuinamente interessado em outras pessoas";
2. "Sorria";
3. "Lembre-se de que o nome de uma pessoa é para ela o som mais doce e importante de qualquer língua".

Nada disso é novidade: estamos falando de uma obra de 1936.

Se os líderes lessem e praticassem genuinamente esses ensinamentos, as empresas não teriam tantos problemas com o clima.

Quando questionado sobre o motivo de não cumprimentar sua equipe, as reações de um gestor são bem interessantes, revelando a Desculpability em plena atividade.

Observei três tipos de desculpas, usadas em momentos diferentes:

1. Quando a estatística ainda é genérica, com percentuais consolidados da empresa como um todo, o gestor nega que isso ocorra em sua área. Garante que sempre cumprimenta sua equipe e sugere que quem não faz isso é seu colega – algum outro gestor.
2. Quando as estatísticas são mais específicas, por área, o gestor tenta uma segunda desculpa: alega que cumprimenta, sim, mas que as pessoas não ouvem, não percebem, não prestam atenção.
3. Quando é mostrado que grande quantidade de pessoas da área dele respondeu à pesquisa dizendo que não são cumprimentadas pelo ges-

[7] Escritor e palestrante norte-americano, voltado para crescimento pessoal, técnicas de vendas, treinamento corporativo e habilidades interpessoais.

tor (ele), alega que é muita gente na área, que não tem tempo para cumprimentar todos ou que, como tem muita coisa a fazer, já chega apressado e não tem tempo de dizer "bom-dia".

4. Quando é mostrado que outros gestores, de áreas de tamanho igual ou maior, na mesma empresa, não têm esse problema porque priorizam o relacionamento, ele se cala, fica em silêncio, deixa os lábios apertados, indicando que não concorda, mas não tem o que dizer.

Seria tão simples admitir o erro e dizer que vai prestar mais atenção, que será mais gentil... Se esse gestor simplesmente reconhecesse com um "é verdade! Errei, chego apressado, sempre tem um monte de gente querendo falar comigo, uma porção de e-mails para responder! Peço desculpas e vou reverter essa estatística", seria ótimo, não é mesmo? Mas, infelizmente, essa reação equilibrada e saudável é rara.

Líderes despreparados agravam ainda mais o efeito da Desculpability no ambiente corporativo. Em vez de corrigir desvios de conduta cidadã, o líder acaba reforçando comportamentos negativos, com a sua falta de ação e seus maus exemplos.

A Desculpability está mais presente na liderança do que imaginamos.

Capítulo 6:

Cultivando a Accountability, colhendo pérolas

Quem quer encontrar pérolas
tem que mergulhar mais fundo.

John Dryden[1]

1 John Dryden foi um poeta inglês formado na faculdade de Trinity, em Cambridge.

Ter é uma coisa, usar é outra

Neste mundo tecnológico, baixar um aplicativo é uma ação rotineira. Quantas vezes já executamos essa operação?

Neste momento, só no Google Play, há cerca 1,6 milhões de aplicativos; na App Store da Apple, mais 1,5 milhão e, na Amazon App Store, 400 mil. Tem aplicativo para tudo. Um dos mais curiosos lembra periodicamente o usuário de que deve tomar água. Mas esse nem é novidade: antes de os celulares se transformarem em nossos cintos de utilidades, já era possível instalar esse programa em computadores. Um reloginho acomodado na barra de acesso rápido tocava, como um despertador, periodicamente, para lembrar o usuário de hidratar-se. Com o tempo, a pessoa se acostuma ao toque e passa a ignorá-lo, voltando a tomar menos água do que deveria. Depois de uns meses, joga fora o programa, porque acha que ele atrapalha.

Com a mesma facilidade de baixar um aplicativo, também é fácil tomar a decisão de desenvolver a Accountability Pessoal, essa grande virtude moral. Virtudes morais podem ser cantadas em canções e poemas, celebradas em livros de autoajuda individual ou corporativa – como esse que você está lendo. Mas o fato de alguém conhecer e admirar uma virtude não significa que essa pessoa a pratica.

Baixar um programa não significa que nós vamos utilizá-lo. Muito menos que saberemos usar todas as suas funcionalidades. Muitos usuários, encantados com alguma novidade, instalam um app e logo o deixam de lado quando percebem que vão precisar aprender como utilizar suas funcionalidades ou quando passa o entusiasmo dos primeiros momentos.

Esse abandono ocorre também com imóveis ou veículos: uma casa na praia ou no campo que visitamos pouquíssimas vezes durante o ano, motocicletas guardadas embaixo de capas, automóveis empoeirando em garagens. Fora os equipamentos de ginástica que se transformam em cabides para roupas e sapatos, e as próprias roupas e sapatos que compramos e não usamos. Não estou criticando o consumismo, não. Quero apenas enfatizar que entre *possuir* e *usar* algo há uma considerável distância.

O mesmo vale para o conhecimento. Nem todo conhecimento que temos é utilizado. Por exemplo: dificilmente encontramos um líder que não saiba explicar o que é um *feedback*, quais são os tipos positivos e negativos, o processo de bem conduzir um *feedback* – com começo, meio e fim –, as etapas de planejamento e preparação. Mas isso não significa que, na prática, diretores, gerentes e supervisores deem *feedbacks* aos seus times. As explicações para isso variam – a mais comum é a falta de tempo. Seja qual for a justificativa, não podemos deixar de concluir que, para transformar conhecimento teórico em competência (conhecimento, atitude e habilidade), é necessário dar prioridade, empregar esforço e dedicação.

Da mesma forma, alguém saber precisamente o que é Accountability Pessoal não significa que se tornou Accountable. Isso somente irá acontecer por um dos caminhos apresentados a seguir.

Ambiente e trilhas levam à Accountability Pessoal

Entre as centenas de casos que tive a oportunidade de estudar através de livros e documentários e entre as muitas pessoas que tive o privilégio de entrevistar, observei que o acesso à Accountability Pessoal ocorre pelo ambiente e por dois caminhos, que chamo de trilhas.

O ambiente tem um papel fundamental na aproximação de uma pessoa com Accountability Pessoal, por ser o espaço emocional em torno de alguém. Mas, mais importante do que o ambiente, é a forma de como ele é interpretado. Dois irmãos, crescendo na mesma casa, com os mesmos pais, no mesmo período de tempo, podem ter recebido ambientes emocionais diferentes porque interpretaram de forma distinta seus momentos. Um pode ter desenvolvido a Accountability Pessoal, se tornando responsável e dono do seu destino, enquanto outro pode ter desenvolvido a Desculpability, se tornado imaturo, passando a agir como vítima ou coitado.

Para desenvolver a Accountability Pessoal, o ambiente pode ser acolhedor ou hostil.

- O ambiente hostil: é o caso de indivíduos que cresceram em situações com carência de condições ideais de conforto e afeto, perceberam que sua saúde mental ou física estava em risco em função do sofrimento moral, físico ou da privação emocional e reagiram porque souberam interpretar.

- O ambiente acolhedor: é o caso de indivíduos que cresceram em situações compostas por pessoas que atuaram como exemplos, verdadeiros coaches, produzindo um resultado positivo.

Em uma família, o ambiente emocional é gerenciado principalmente pelos pais; na escola, pelos professores; no trabalho, pelos gestores. Pais, professores e gestores são os três canais fundamentais para o desenvolvimento da Accountability Pessoal. Quando um desses não cumpre seu papel, um peso maior recai sobre os outros.

Quanto as trilhas, são duas: a *Espontânea* e a *Provocada.*

Espontânea

Esta trilha é iniciada pelo próprio indivíduo. É um movimento de dentro para fora, de quem, por natureza, sem que seja preciso nenhum estímulo externo, quer ser sempre a melhor pessoa que puder ser. Também pode ser resultado de condições de vida difíceis, que provocam em algumas pessoas a percepção de que uma forte mudança é necessária para sobreviver a circunstâncias hostis.

Provocada

Esta trilha é iniciada por outra pessoa ou outras pessoas. É um movimento de fora para dentro. É um caminho que o indivíduo percorre instigado ou desafiado através de ensinamentos e exemplos consistentes presentes no ambiente externo.

Uma vez que a Accountability Pessoal encontrou sua trilha para se desenvolver, ela poderá se desdobrar em dez atitudes interligadas:

1. **Pensar e agir como dono** – é o centro da Accountability Pessoal, virtude que leva um indivíduo a tomar para si as responsabilidades, abraçando definitivamente a ideia de que a solução para qualquer problema está dentro de nós, que nós é que temos de agir, e o Super-Homem não existe na vida real.
2. **Desenvolver a ambição** – trata-se do motor da humanidade que nos tirou das cavernas e nos trouxe até aqui, é o sentimento que nos deixa inconformados, provocando o desejo de querer ser uma pessoa melhor

e pode ter sete dimensões: acadêmica, cultural, social, espiritual, física, financeira e material.

3. **Sonhar grande** – habilidade humana de criar um cenário melhor para o futuro e se transpor a esse cenário, mesmo quando o presente é difícil.
4. **Ativar o estado de alerta** – é fundamental para que duas funções cruciais possam ser executadas. A primeira é cercear os impulsos da Desculpability, sempre prontos a atuar; a segunda é identificar oportunidades para pensar e agir como dono.
5. **Desenvolver a coragem** – coragem é a bravura moral que produz resiliência, combustível fundamental para a persistência e a superação.
6. **Ter ação imediata** – todos têm sonhos, mas poucos agem e tentam transformá-los em realidade. Muitos deixam que se transformem em devaneios.
7. **Desenvolver o interesse genuíno e empatia** – como virtude moral, a Accountability Pessoal visa o bem do outro e a capacidade genuína de se interessar pelo próximo e entender como ele se sente.
8. **Aprender a lidar com a transparência** – transparente é o ambiente de franqueza criado por uma pessoa ou por um grupo. Onde há transparência, não existe melindres, caras e bocas, desvios de conduta e corrupção.
9. **Buscar resultados excepcionais** – o objetivo final é sempre atingir resultados, tornar-se melhor e maior, mas nunca em detrimento dos outros.
10. **Assumir consequências** – é estar pronto para assumir as responsabilidades pelos seus atos e exigir o mesmo das pessoas à sua volta.

Atitudes e trilhas

Atitudes de Accountability Pessoal	Trilha Espontânea	Trilha Provocada
Pensar e agir como dono	Esteve exposto a situações nas quais faltaram as condições ideais de conforto e afeto, onde percebeu que sua saúde mental ou física estava em risco em função do sofrimento, moral, físico ou privação emocional. Em função disso, agiu imediatamente como dono da sua vida, entendendo que não existe "destino", mas sim escolhas.	Teve acesso a pessoas excelentes – pais, avós professores ou gestores no trabalho – as quais além de serem ótimos exemplos de conduta pessoal, falavam insistentemente de posturas corretas de Accountability Pessoal, mesmo não usando esse termo. Em função disso, passou a pensar como dono da sua vida, entendendo que podemos nos tornar pessoas melhores apenas através de nossas escolhas.
Desenvolver a ambição	Desenvolveu por conta própria um forte desejo de superação em função dos sofrimentos emocionais, das necessidades ou do peso das responsabilidades desde cedo sob suas costas.	Incentivado por pais, professores ou gestores, desenvolveu ambição – uma insatisfação saudável.
Sonhar grande	Aprendeu a sonhar, a criar uma forte visão positiva do futuro, um sonho diurno acolhedor e a visitá-lo mentalmente para escapar do sofrimento do presente.	Foi incentivado por pais ou gestores a sonhar grande e ir atrás dos seus sonhos.
Ativar o estado de alerta	Percebeu que não podia contar com mais ninguém, que o Super-Homem não viria e agiu para se autoajudar.	De tanto ouvir *feedbacks*, aprendeu que o modelo mental instintivo, de culpar os outros e as circunstâncias, é a principal barreira ao desenvolvimento pessoal e profissional.
Desenvolver a coragem	Desenvolveu uma forte crença em si mesmo, encontrando resiliência para enfrentar situações difíceis e buscar superação.	Foi encorajado a sair da zona de conforto, silenciar a Desculpability e interromper o ciclo de vítima, situação na qual a mente é regida por um modelo mental imaturo.
Ter ação imediata	Agiu concretamente, perseguiu o sonho até transformá-lo em realidade.	Aprendeu com os outros a identificar o poder da procrastinação e passou a vigiá-la.

Atitudes de Accountability Pessoal	Trilha Espontânea	Trilha Provocada
Desenvolver o interesse genuíno e empatia	Não desenvolveu mágoa em relação ao passado ou sentimento de vingança, ao contrário, desenvolveu gratidão e amor genuíno.	Não guardou só para si alguma conquista e, motivado pelo interesse genuíno, decidiu compartilhá-la com outros, ensinando e agindo como exemplo.
Aprender a lidar com a transparência	Aprendeu na "porrada" a lidar e a aceitar suas fraquezas, seus erros e descobriu que humildade faz parte do processo de aprender.	Foi ensinado por seu pais, professores e gestores que nos desenvolvemos mais rapidamente quando enfrentamos os nosso erros e para isso precisamos aprender a ouvir e dar *feedbacks*.
Buscar resultados excepcionais	Foi bem-sucedido na sua trajetória pessoal e profissional, obtendo resultados que jamais teria alcançado se não tivesse agido como dono de sua vida.	Foi bem-sucedido na vida pessoal e na carreira profissional, obtendo resultados que jamais teria alcançado se tivesse se mantido no modelo mental convencional.
Assumir as consequências	Aprendeu, aos trancos e barrancos, que, se não estiver pronto para ser responsável pelos seus atos, sua imagem e credibilidade serão comprometidas.	Aprendeu com os outros que, em todas as suas ações, deve estar pronto para ser responsável pelos seus atos e assumir suas consequências.

OSTRA FELIZ NÃO FAZ PÉROLAS

Uma pérola natural é constituída por material orgânico endurecido e ao contrário da crença popular, seu formato raramente é arredondado. Sua formação é desencadeada por um parasita, um germe ou mesmo um grão de areia que penetra na concha pela parte inferior e se aloja entre a manta e a concha, trazendo incômodo à ostra. Quando não consegue expelir esse corpo estranho, seu organismo tenta se proteger da irritação provocada por ele revestindo-o com camadas concêntricas de nácar (ou madrepérola). Quanto mais ela reveste o volume invasor, mais ele cresce, mais incomoda... E assim ela o reveste de novo e de novo, formando a pérola e aumentando-a, sempre na tentativa de se proteger.

Por isso, Rubem Alves disse que "ostra feliz não faz pérola", título de um de seus livros – no qual faz uma analogia entre a ostra machucada que fez uma pérola e os seres humanos que aprenderam a dar a volta por cima.

Os casos mencionados a seguir são casos reais de pessoas comuns que optaram por recusar o pessimismo e souberam canalizar o sofrimento da alma em oportunidades de crescimento, transformando tragédia em beleza.

Eu estava sempre procurando dar o próximo passo

Howard nasceu em 1953, no Brooklin, naqueles conjuntos de apartamentos populares. O Brooklin era diferente naquele tempo. Hoje é caro morar lá, mas quando ele nasceu ainda era um bairro pobre. Seu pai foi operário, motorista de caminhão e de táxi – nunca conseguiu ganhar mais que 20 mil dólares por ano. Sua mãe trabalhava como recepcionista. A família sempre passou necessidade.

Em 1961, quando Howard tinha 6 anos, seu pai quebrou o tornozelo fazendo uma entrega de fraldas. Até hoje Howard se lembra do pai deitado, com a perna esticada no sofá, sem seguro-saúde, sem trabalho, a família sem ter o que comer.

Como jogava bem futebol (o que chamamos de *futebol americano*), ele conseguiu uma bolsa na Universidade do Norte de Michigan. Em 1975, formou-se em comunicações.

Foi trabalhar como vendedor da Xerox e recebeu algumas promoções na área de vendas. Quatro anos depois, foi para a Hammarplast, empresa sueca do ramo de utensílios domésticos, que, entre outros produtos, tinha uma linha de máquinas de café, onde foi promovido até chegar a gerente-geral.

Um dia, percebeu que uma pequena loja de Seattle comprava mais máquinas de café que a Macy's. Todo semestre, a quantidade aumentava. E Howard decidiu que precisava conhecer essa curiosidade, localizada no Pike Place Market.

A loja pertencia aos professores Jerry Baldwin e Zev Siegel e ao escritor Gordon Bowker. Howard ficou encantado com o ambiente. Em uma palestra sobre sua carreira, contou: "Quando entrei naquela loja pela primeira vez, eu sabia que estava em casa. Sei que isso soa piegas, mas pensei: 'É o que eu estive procurando por toda a minha vida profissional'".

Além das máquinas, a empresa vendia também chá, especiarias e café em grão – somente café de alta qualidade, para apreciadores do produto (poucos, naquela época). Depois de um ano de conversa e muitas viagens a Seattle, Howard conseguiu convencer os sócios a contratá-lo como gerente de marketing, aceitando um salário menor. Criava peças de divulgação e pesquisava o que havia de novo no mercado.

Em buscas de novidades, foi à Feira de Café de Milão. Lá tomou contato com o conceito de café expresso e ficou surpreso com as cafeterias italianas. Percebeu que funcionavam quase como uma segunda casa para os milaneses. As pessoas se encontravam nelas para falar sobre si mesmas, a família, o trabalho, política, esporte, enfim, falar sobre a vida de um modo geral. Não existia nada parecido nos Estados Unidos. Quando saíam do trabalho, os norte-americanos iam para casa e vice-versa.

Ele observara na Itália que o ritual de tomar café juntos aproximava as pessoas. Mas seus patrões achavam que isso não daria certo nos Estados Unidos. Tomar café era algo para se fazer em casa. Não queriam mudar o espírito da loja, que afinal dava muito lucro.

Persistente, Howard finalmente convenceu-os a permitir que servisse café em uma nova loja que estavam abrindo em Seattle – incluindo "café com leite", que não se tomava nos Estados Unidos. Foi um sucesso estrondoso. Todos queriam passar por lá depois do trabalho.

Mas, quando Howard quis expandir esse conceito para outras lojas da então pequena rede, os donos não se interessaram. Disseram que não queriam entrar "no ramo de restaurantes".

Frustrado, Schultz decidiu sair da empresa para abrir sua própria cafeteria. Precisava de 400 mil dólares – que não tinha. Sua mulher estava grávida do primeiro filho do casal. Os patrões Baldwin e Bowker se ofereceram para ajudar. Um médico amigo emprestou 100 mil dólares. Em 1986, Howard abriu sua primeira cafeteria, chamada Il Giornalle. Mas não tinha – ele achava – o charme da loja original, que o impressionara tanto na primeira visita. Dois anos depois, os proprietários originais a venderam para ele.

Hoje, a Starbucks emprega 191 mil funcionários, em 21 mil lojas em 66 países, e é avaliada em 80,57 bilhões de dólares. Como se trata de uma empresa de alta performance, em breve esses números serão outros – por isso recomendo ao leitor que se atualize no site da Fortune[1], de onde tirei estes dados.

O título que dei ao caso, "Eu estava sempre procurando dar o próximo passo", uma frase de Howard Schultz, traduz a importância de sonhar grande e ter ação imediata, que são o quarto e o quinto componentes da Accountability Pessoal.

"Eu sabia que os ataques de agressividade dela eram por causa das crises da esquizofrenia"

Depois de uma palestra em um hospital em São Paulo, fui procurado por uma participante que pediu o meu contato. Dias depois, ela me enviou o e-mail abaixo:

> Caro João Cordeiro,
>
> Parabéns pela palestra, era exatamente isso que precisava ouvir.
>
> Vendo tantas pessoas com valores diferentes dos meus, às vezes tenho a impressão de que eu é que estou errada.
>
> Procuro sempre manter o foco no amor, no ser humano e tento entender que as perdas fazem parte do processo de aprendizagem.
>
> E fico pensando no que você já deve ter passado, para chegar a esse olhar para o outro.
>
> Não sei por que senti necessidade de compartilhar minha história com você. É um pouco comprida, mas vou resumir.
>
> Quando eu tinha 2 anos e meio, ganhei uma irmã e junto com ela o diagnóstico de esquizofrenia da minha mãe, depois de uma depressão pós-parto. Na época não entendi muito bem o que significava essa doença. E, infelizmente, alguns meses depois, meu pai morreu por uma pancreatite fulminante.
>
> Fomos morar com meus avós maternos e, devido às crises da minha mãe, eu e minha irmã fomos separadas dela. Minha mãe teve que passar por várias internações psiquiátricas até que, quando eu tinha 6 anos,

[1] Fortune. Disponível em: <http://fortune.com/fortune500/starbucks-187/>. Acesso em: 18 set. 2015.

meu avô paterno resolveu que ficaríamos todas morando com ele. Agradeço muito a ele por isso, porque fez com que eu entendesse melhor a doença da minha mãe.

Por volta dos meus 10 anos, meus avós resolveram mudar para uma casa maior e queriam nos levar, mas a minha mãe cismou que não queria ir. Com o apoio da psiquiatra, resolveu que iríamos morar somente ela, minha irmã e eu, sem meus avós. Foram os dois piores anos das nossas vidas. Minha irmã e eu apanhávamos quase todo dia, sem motivo, passamos fome, minha mãe deu leite estragado para nós durante uma semana inteira, soltou nossos bichos de estimação pela rua... Isso porque estava descontrolada, acho. Acho que não tomava a medicação e tinha alucinações.

Tentei ajudar, contando para a médica dela, mas, em vez de me compreender, ela contou para minha mãe e fui espancada. Decidi que deveria ficar em silêncio, vi que não podia contar com ninguém, ficava com medo da minha mãe me bater mais. Hoje vejo quanto risco corremos.

Eu ficava chateada com ela, mas sabia que, de alguma maneira, ela nos amava e aquilo tudo era em função da doença. Sinceramente, nunca consegui sentir raiva dela.

Nessa época a minha avó paterna, de quem eu gostava muito, me chamou (somente a mim) para morar com ela, porque as marcas dos maus tratos eram visíveis. Mas eu não quis deixar minha irmã sozinha com minha mãe, eu sentia que era minha responsabilidade ficar junto delas. Até que, aos 11 anos de idade, graças a um tio que percebeu os sinais físicos das agressões, voltamos a morar com meus avós maternos.

E sempre foquei em estudar, queria ser alguém, me formar.

Aos 13 anos decidi que ia ser enfermeira, aos 15 comecei a trabalhar, não porque fui obrigada, mas porque sentia vontade de ajudar em casa, as contas sempre foram muitas, minha mãe não trabalhava, dependíamos da aposentadoria dos meus avós. E principalmente porque tínhamos muito gatos e a ração era uma despesa grande, e eu queria ajudar.

Nunca parei de trabalhar e estudar. Perdi meus avós aos 18 anos e tive que me tornar curadora da minha mãe, assumir a minha casa e a guarda da minha irmã, que tinha 16 anos.

Fiz curso técnico de enfermagem, obtive bolsa integral pelo Prouni e consegui me formar enfermeira. Eu estava muito feliz, porque, apesar de todas as adversidades, eu tinha conseguido a minha graduação.

Mas eu queria mais, e consegui ingressar no programa de aprimoramento do Hospital das Clínicas para a especialidade de controle de infecção, uma área em que há pouca mão de obra especializada. O curso é muito concorrido, as poucas vagas são muito disputadas.

Quando terminei o curso, com 26 anos, fui contratada pelo próprio HC. Eu tinha alugado uma casa perto da minha mãe, para levá-la às consultas, cuidar das medicações, estava noiva e com casamento marcado.

Minha mãe tinha tido uma melhora expressiva, estava carinhosa, fazia dois anos que não precisava ser internada. Então ela teve um rompimento de um aneurisma cerebral e o médico disse que ela não iria sobreviver. Meu mundo desabou: aos 26 anos eu e a minha irmã iríamos ficar órfãs?

Passei a conhecer o outro lado da saúde, o de ser paciente ou, pior ainda, ser a família do paciente. Ela ficou um ano internada, teve seis cirurgias no cérebro, nunca mais falou, nem andou ou se movimentou de forma autônoma. Mas eu percebia que ela queria continuar viva. Estava lutando por isso todos os dias e indo contra as expectativas médicas, fazendo com que eu também lutasse por ela.

Ela me fez ser outra pessoa e dar valor à vida e ao ser humano ao acreditar que a transformação realmente começa conosco.

Resolvi que iria trazê-la para morar na minha casa, achava que seria o melhor para ela. Várias pessoas me chamaram de louca, avisando que eu não ia mais ter vida pessoal. Meu próprio noivo se opôs, e eu entendi a posição dele, mas resolvi ouvir minha intuição. Disse a ele que eu não iria abandonar a minha mãe, tinha que ajudá-la. Ele entendeu e, alguns meses depois, nos casamos.

Ela está na minha casa há dois anos, super bem-cuidada, medicada e acompanhada com duas cuidadoras. Para sustentar todo esse custo (e nem sei como consigo), tenho que trabalhar em dois empregos, porque foi o único jeito para custear tudo, mas estou muito feliz, com um forte sentimento de dever cumprido e todo dia quando olho para ela sei que, de alguma maneira, ela está me ensinando algo.

Fazemos acompanhamento com os cuidados paliativos, mas sei que um dia ela irá embora.

Mas estou de consciência tranquila, tenho certeza de que faço o melhor que posso e hoje, mesmo sabendo pouco de inglês, aprendi uma palavra que eu não conhecia, mas já aplicava: Accountability!

Sei que ainda tenho muito o que melhorar, mas foi muito bom ouvir você e reavivar os valores que sempre guardei dentro de mim, mas achava que eu era a única a pensar e agir dessa forma.

Obrigada!

O título que escolhi para este caso, "Eu sabia que os ataques dela eram por causa das crises de esquizofrenia", indica a ação de desenvolver o interesse genuíno e empatia, sexto componente da Accountability Pessoal.

Depois de ler e reler o e-mail dessa moça algumas vezes, entrevistei-a para entender melhor como tinha surgido a Accountability no coração e na mente dela. Descobri algumas coisas bem interessantes, como por exemplo o fato de que as duas irmãs sofreram, mas somente uma delas desenvolveu a Accountability Pessoal. A outra, que também entrevistei, se comporta como vítima até hoje. Parece que nem toda ostra reage à agressão produzindo pérolas.

"Filha, entre morrer e mentir, prefira morrer"

Durante um workshop em Belo Horizonte para 35 assistentes administrativas de uma grande multinacional, uma das participantes pediu para contar sua história. Tinha cerca de 30 anos, negra, magra, elegante – dessas pessoas que exibem com orgulho, através do seu penteado, a ascendência africana.

Logo na primeira frase, provocou impacto nos presentes. Disse, clara e segura: “Nasci e me criei até os 15 anos em uma favela”. Contou que morava lá com sua família: mãe, pai, irmã e irmão. A vida era difícil, o pai fazia bicos como pedreiro, a mãe cuidava dos filhos. Não chegaram a passar fome, mas a casa tinha chão de terra batido e não tinham produtos de higiene pessoal, como papel higiênico, por exemplo.

Sua mãe fazia questão de “fazer os cabelos” das filhas todos os dias de manhã, com trancinhas simétricas, distribuídas por toda a cabeça. Elas saíam para a escola bem arrumadinhas e bem penteadas. Enquanto fazia os cabelos, sua mãe falava sobre suas crenças. Eram sempre as mesmas frases: dizia que a favela não era lugar para elas, que tinham que sair de lá. Mas as frases mais repetidas ensinavam que, entre morrer e mentir, elas tinham que preferir morrer; entre roubar e morrer, tinham que escolher morrer. E explicava: “Morrer, todas as pessoas vão um dia, não temos escolha, mas mentir e roubar são coisas que nós podemos escolher não fazer”.

Um dia, saindo com as filhas para levá-las à escola, o chefe do tráfico da favela disse com um sorriso sarcástico: “Dona Maria, vá cuidando bem dessas menininhas que um dia elas vão ser todas minhas!” A mãe ficou horrorizada e, quando voltou para casa, no fim do dia, contou isso ao marido, pedindo para mudarem dali. Ele não deu importância ao fato.

Mas nunca mais essa mulher ficou tranquila. Botou na cabeça que iria tirar a família de lá e passou a falar nisso todos os dias. Até que o marido se encheu e declarou que nunca iria sair da favela; tinha nascido lá, sido criado lá, todos seus amigos eram da favela e ele não queria sair daquele lugar. No dia seguinte, dona Maria alugou por conta própria uma casinha em um bairro simples e, aos poucos, foi levando para lá o que tinha, uma sacola num dia, outra noutro, transportando principalmente as panelas. Passou a fazer salgados e doces para vender na rua. Com o tempo, mudou-se para lá com os filhos.

Mães (e pais), que gastam tempo fazendo o cabelo de suas filhas, transmitem além de carinho e amor, a importância da apresentação pessoal. Hoje uma das meninas é executiva de RH e a outra é secretária bilíngue de um grande grupo multinacional na região de Belo Horizonte.

O título que dei a este caso, "Filha, entre morrer e mentir, prefira morrer", ilustra o desenvolvimento da coragem, terceiro componente da Accountability Pessoal.

Cultivando pérolas artificiais

Thomas Alva Edison foi um dos maiores inventores do século XIX, além de ter sido um megaempreendedor, deixando como legado a General Electric e 2 332 patentes registradas em seu nome. Ele não era muito dado a elogios, mas em 1927, quando conheceu Kokichi Mikimoto e sua invenção de pérolas cultivadas, teve que dar o braço a torcer e escreveu:

> "Isto não é uma pérola cultivada, é uma pérola verdadeira. Há duas coisas que não podem ser feitas no meu laboratório: diamantes e pérolas. Cultivar pérolas é uma das maravilhas do mundo. É algo que eu pensava ser impossível." – Carta de Thomas Edison[2]

As pérolas que Mikomoto desenvolveu eram diferentes das naturais, maiores, mais bonitas, perfeitamente esféricas. Ele havia desenvolvido uma técnica de fazer um enxerto na ostra, controlando não só o formato, mas o tamanho e até a cor. Começou o processo em 1888, com um empréstimo, e cinco anos depois, praticamente falido, conseguiu produzir a primeira pérola. Além disso, tinha vocação de varejista, e em 1899 abriu sua primeira loja, no Ginza, um bairro de Tóquio tradicionalmente voltado para o luxo. Em 1914, vinte e seis anos depois de ter iniciado suas tentativas de cultivar pérolas, ele abriu a fazenda Black South Pearl, a primeira do mundo a produzir pérolas negras.

Morreu rico, em 1954, aos 96 anos, deixando como legado a Mikomoto Pearls, a maior e mais bem-sucedida empresa de produção de pérolas do mundo.

2 Carta de Thomas Edison – essa carta pode ser encontrada em diversas fontes diferentes, mas a minha preferida é essa que foi traduzida oficialmente para o japonês. Disponível em: <http://wattandedison.com/Edison_and_Japan.pdf>. Acesso em: 18 set. 2015.

Produzir pérolas artificias não é uma atividade exclusiva de produtores japoneses. Nós, líderes, podemos fazer o mesmo com nossas equipes. Enxertar neles um grão de areia simbólico e provocar um desconforto ao dar um *feedback* franco e transparente pode ter esse efeito. Da mesma maneira que sem o desconforto do grão de areia a ostra não produz pérolas, sem *feedback* franco não se desenvolve Accountability Pessoal.

Empresas como Ambev, Apple, Bradesco, GE, GoPro, Unilever, Red Bull, Starbucks, Salesforce e Wallmart são apenas dez exemplos de empresas, de muitas, que entenderam a beleza da transparência e souberam implantar processos sistemáticos de *feedback* produzindo gente excelente, profissionais que desenvolveram genuinamente a Accountability Pessoal e que se tornam verdadeiras pérolas cobiçadas pelo mercado.

Capítulo 7:

É contra o vento que os aviões levantam voo

Quando tudo parece estar contra você,
lembre-se de que o avião levanta voo
contra o vento, e não a favor dele.

Henry Ford[1]

1 Era formado em Contabilidade pela faculdade de Negócios Goldsmith, Bryant & Stratton em Detroit. Fundador da Ford Company, considerado "pai" do processo industrial, foi funcionário de Thomas Edison, período no qual pôde montar seu famoso Quadriciclo Ford, movido a motor.

A frase que abre este capítulo é atribuída a Henry Ford, mas não sei se ele realmente a disse. De qualquer forma, é muito inspiradora e pode ser usada como metáfora de superação.

Mas amigos pilotos me explicaram que *não é impossível* decolar a favor do vento – apenas não é inteligente optar por isso, tanto pela relação custo/benefício quanto por razões de segurança. Veja este exemplo: um Boeing 777-300, para decolar, necessita de aproximadamente 160 nós (milhas por hora). Se ele tiver um vento contra (de proa ou de frente) de 20 nós, basta o piloto atingir a velocidade de 140 nós e a aeronave já estará retirando as rodas da pista. Hipoteticamente, se o comandante decidisse decolar com vento a favor (de popa ou de trás) na mesma velocidade de 20 nós, a aeronave precisaria de 180 nós para sair do solo. Com vento contra, a performance da aeronave é melhor. O avião gasta menos combustível e decola usando um comprimento menor de pista, além fazer uma decolagem mais segura. Por isso, é frequente o pessoal no controle do tráfego aéreo mudar a direção de decolagem, fazendo com que em determinado momento do dia os aviões saiam em um sentido e, horas depois, no sentido oposto.

O modelo mental dos pilotos é preparado para lidar tanto com essas alterações rotineiras como com adversidades e mudanças climáticas. O exercício de se antecipar às crises faz parte de seu treinamento. Ao apresentar um plano de voo, os pilotos devem apontar rotas alternativas, para o caso de surgir um imprevisto. Quase sempre, tudo corre bem. Mas eles têm de estar preparados para encontrar condições adversas em cada voo. São treinados para o confronto climático, para enfrentar ventanias e tempestades.

Pode ser extremamente benéfico para nós aprendermos também a estar preparados para usar a adversidade a nosso favor, com um modelo mental adaptado para lidar com o inesperado e sabendo ajustar nossa rota a mudanças inesperadas.

Executivos não recebem esse tipo de formação. Não conheço faculdades de administração que preparem seus alunos para lidar com situações econômicas adversas. Não estou me referindo a jogos empresariais ou palestras pontuais feitas por convidados. Falo de matéria acadêmica que faça parte do currículo.

Conversando com colegas palestrantes, todos afirmaram que é raríssimo um pedido de palestras para ensinar executivos como liderar em tempos difíceis. O mesmo pode ser dito com relação aos livros sobre liderança publicados em português, que atualmente são cerca de 400 títulos encontrados em sites das duas principais redes de livraria do país. Mas alguém já teve a curiosidade de pesquisar quantos títulos existem que abordam algo como: "Liderando em tempos difíceis", "liderando com turbulência" ou "liderando mudanças"? Pois bem, eu tive, encontrei apenas quinze títulos, 4%.

Os executivos são formados para pilotar suas empresas e liderar seus times em "céu de brigadeiro"[1] – tempo calmo, de céu azul, sem vento. Quando as condições econômicas mudam, muitos ficam sem reação. Agarram suas planilhas de despesas e começam a cortar tudo. Nesse processo, muitos entram no modelo mental da Desculpability sem nem perceber.

MODELO MENTAL – DE VÍTIMA OU DE DONO?

É uma questão de escolha. E de estar preparado para escolher.

Você pode entrar em uma situação crítica decidido a pensar e agir como dono. Ou pode escolher pensar e agir como vítima. Mesmo que você entre no modo Desculpability sem perceber, como eu disse no parágrafo acima, continua se tratando de uma escolha, ainda que inconsciente. Podemos, inconscientemente, optar por agir sem pensar.

1 A expressão surgiu no Rio de Janeiro na década de 1940. O Rio era a capital do Brasil e concentrava grande parte dos voos aéreos. O posto de brigadeiro-do-ar é um dos mais altos na Aeronáutica.
O termo "céu de brigadeiro" foi criado por radialistas que faziam a previsão do tempo, presumindo que um brigadeiro só aceitasse voar em dias claros, de muito sol e céu azul, sem vento.
A palavra *brigadeiro* surgiu a partir de *brigada*, força militar constituída por unidades de combate, de apoio ao combate e de apoio administrativo.
Na Aeronáutica, uma brigada reúne sob o mesmo comando dois ou três grupos aéreos e serviços de apoio.
Por extensão, entre os civis, chamamos de *brigada* um grupo de pessoas dedicado a executar uma tarefa.

Modelo mental[2]

Pensa e age como Vítima	Pensa e age como Dono
Recusa-se a enxergar que um período de condições adversas pode ser longo e escolhe pensar que, daqui a alguns meses, a economia voltará a crescer.	Entende rapidamente quando há um problema de longo prazo pela frente e percebe que o modo de trabalhar do passado não tem garantia de eficácia do futuro.
Dá muita voz ao CFO[3] e imediatamente começa a cortar despesas.	Ouve o CFO, controla melhor suas despesas, mas não permite que ele pilote as mudanças.
Prefere pensar que o mercado é forte e se auto-organizará, o que, apesar de manter uma visão positiva, está transferindo inconscientemente a responsabilidade para a economia do país ou para o universo.	Prefere pensar que ninguém virá ajudá-lo, que não existe Super-Homem no Ministério da Economia, que a paciência dos acionistas está se esgotando e que a solução deverá vir somente dele.
Conversa com os colegas do mesmo setor e troca informações geralmente negativas.	Ouve o mercado, os colegas, mas também a si mesmo, criando espaço para ter seus próprios pensamentos, e analisa seus sentimentos, separando o medo da intuição.
Fica apático, pessimista, sem saber o que fazer ou para onde ir.	Reage, agarra-se a uma visão positiva do futuro, põe-se em movimento, fazendo algo em relação aos seus negócios – menos ficar parado – e se sente mais encorajado.
Fica olhando as notícias em busca de sinais de melhoria da economia, não encontra – e a depressão aumenta.	Faz *benchmarking* no mercado, se espelhando em empresas inovadoras buscando adotar, adaptar e ajustar essas soluções para a sua realidade.
Fica pensando em como obter ajuda externa vinda de fornecedores, BNDES, Fundos ou investidores.	Torna-se mais criativo e inovador colocando em prática suas estratégias para melhorar seus resultados.
Corta mais despesas e demite pessoas que não estão em posições estratégicas, mas são justamente aquelas que detêm conhecimento, jogando fora processos ainda não formalizados.	Investe em marketing, propaganda, assessoria de comunicação, aplicativos de venda ou de cooperação e prepara melhor seu time para não deixar que o pessimismo os contamine.
Culpa o país e se coloca como vítima.	Pensa e age como dono do seu destino.
Modo Desculpability	Modo Accountability

O líder que atua no modo Desculpability age de forma completamente diferente do líder que atua no modo Accountability.

Atuar em um modo ou no outro não depende de sorte, inteligência ou talento, mas, como já foi dito, de escolha. Nós somos donos do nosso destino e somos resultado das nossas próprias decisões.

---

2 CFO é abreviação para *Chief Financial Office* – ou vice-presidente financeiro.

ESCOLHENDO DE QUEM É PRECISO CORRER

Acredito que todo executivo conhece aquela anedota sobre dois amigos que foram pescar em uma região remota do Alasca.

Estavam sentados em frente à sua barraca quando viram, a uns cinquenta metros de distância, um urso cinzento[3] vindo lentamente em sua direção. Imediatamente, um deles começa a calçar os tênis de corrida. O colega, surpreso, pergunta: "O que você está fazendo?" O outro, já terminando de calçar o primeiro pé dos tênis, responde: "Estou me preparando para correr!"

"Mas não dá para uma pessoa correr mais que um urso!", sussurra o primeiro. E o outro, já amarrando o segundo tênis, diz: "Eu não preciso correr mais do que ele, só preciso correr mais do que você!".

Tenho sempre essa anedota na cabeça porque, para mim, ela traduz de um modo bem-humorado um dos componentes da Accountability: a capacidade de agir imediatamente, com senso de urgência, característica essencial para casos de sobrevivência. Mas, além disso, essa anedota me ajuda a refletir sobre de quem realmente precisamos fugir.

No teatro, a maioria das tramas opõe dois personagens principais: o protagonista e o antagonista. O herói e o vilão[4]. Em algumas histórias, há mais de um vilão. E, quase sempre, tanto heróis como vilões são cercados por amigos ou cúmplices – que formam seus times, suas equipes.

Um enredo básico é formado por quatro partes: contexto, herói, vilão e solução. Na primeira parte, são apresentados os personagens, o ambiente e as circunstâncias da história. Na segunda, surgem as coisas boas ou os atos heroicos. Na terceira, os conflitos, ameaças que conduzem a ação ao momento de maior tensão. Então vem a solução, também chamada de desfecho, com final feliz.

Se a peça encenada se chamasse alta performance, os personagens poderiam ser você, seu concorrente e os respectivos times. Quem são os heróis? Quem são os vilões?

---

3 Dentre os 3 tipos de ursos que habitam os Estados Unidos (marrons, pretos e cinzentos), os cinzentos são os mais agressivos.

4 É curioso pensar na origem da palavra "vilão". Na Idade Média, significava "o morador da vila", os não aristocratas, e, com o tempo, passou a significar "bandido".

As circunstâncias da nossa peça teatral são formadas pelo cenário econômico. Como diretor teatral, de que forma você pode conduzir a trama a um bom desfecho?

Vamos entender como essa metáfora poderia funcionar:

- Contexto – cenário econômico

  Não podemos fugir do cenário econômico do país em que estamos, seja ele bom ou ruim. Fazemos parte desse contexto e não o controlamos. Mas podemos reagir a ele.

  Imagine que você e seu concorrente estejam tentando subir uma escada rolante que desce. Você pode não conseguir subir em velocidade mais rápida do que a da escada – mas pode subir mais rápido do que seu concorrente. O foco deve ser no aumento da velocidade de suas passadas.

- Vilão I – seu concorrente

  Quais são os passos para vencer esse antagonista?

  1. **Conhecer** – você precisa se aproximar dele, visitar suas instalações (se possível), conhecer seus produtos ou serviços, comprar seus produtos (se possível), acessar seu site, identificar o que ele faz bem e, principalmente, o que não faz tão bem. Não existe empresa perfeita. Seu concorrente deve estar fazendo algo errado: descubra o que é, mas faça sempre de forma ética, Accountability Pessoal não convive com espionagem e nem com desvios de conduta. Há o caso clássico de um grande empresário brasileiro, uma celebridade no setor varejista de supermercados, que antes de ir visitar o seu arquirrival, uma rede de supermercados americana, ligava para o presidente concorrente e avisava-o que ia visitar as suas operações, dizia qual loja que ia, o dia e a hora e ainda o convidava para tomar um café lá.

  2. **Amplificar suas qualidades** – quanto mais forte o concorrente parecer para você, na sua mente, mais você vai se preparar. Engrandecer os pontos fortes dele vai ajudar você a ser mais humilde.

     Lutadores profissionais que menosprezam seus adversários perdem a luta – Anderson Silva e Bethe Correia são exemplos disto. Ambos deram declarações infelizes sobre seus oponentes, faltaram com o respeito a eles nas entrevistas antes da luta, demostraram postura arrogante na pesagem oficial e, por fim, perderam de Chris Weidman (2° round) e Ronda Rousey (1° round, 34"), respectivamente, de forma dramática e por nocaute.

Menosprezar o adversário não é uma estratégia inteligente. Quem faz isso provavelmente foi um mau aluno de história e não estudou as grandes batalhas da humanidade, como a de Azincourt, de 1415, em que os franceses tinham certeza absoluta de sua superioridade e foram derrotados, ainda que fossem 60 mil franceses contra 12 mil ingleses.

Você precisa acreditar que seu concorrente é forte, nem que para isso seja preciso inventar qualidades para ele.

3. **Desempenhar-se melhor** – precisamos descobrir em que somos melhor que o concorrente e focar nessas capacidades. Atender melhor, ou mais rápido, ou lançar um novo produto antes... Em que somos bons? Em que podemos superar nossos concorrentes?

   Neste momento, enquanto escrevo, estou preocupado em lançar este livro logo, antes de meu concorrente. Um concorrente imaginário.

   Os lutadores de UFC assistem às lutas de seus oponentes; um técnico de futebol assiste aos jogos dos adversários; um piloto de F1 também vê corridas anteriores, para conhecer melhor os outros corredores.

   Faça isso. Conheça a concorrência.

- Vilão II – você mesmo

  Se temos que nos aproximar do vilão I, conhecer e amplificar suas qualidades, no caso do vilão II a estratégia deve ser outra.

  O segundo vilão somos nós mesmos, é mais poderoso que o primeiro.

  O primeiro vilão é fácil de visualizar. O segundo está oculto dentro de você, e é a Desculpability: o pior dos vilões.

  Reconhecer sua força e seu potencial de autossabotagem dentro da nossa mente é um bom começo para chegar a um bom desenlace.

- Heróis – seu time

  Não conheço presidente, diretor ou mesmo gerente que tenha conseguido resultados sozinho. Não sei de um técnico de futebol que tenha ganhado um campeonato sem seu time. Nunca ouvi falar em um maestro de sucesso sem músicos. Este é o maior desafio de um jovem líder: entender que quando ele era um analista pleno, os resultados eram apenas dele, mas, ao se tornar gestor, os resultados passam a ser do time dele. O que era antes *eu*, agora passa a ser *nós*.

Uma das melhores maneiras de você se afastar da concorrência é aproximar-se de sua equipe.

- Solução – seus resultados

  Qual é o propósito da liderança? Qual pode ser a missão do líder[5] se não for a de bater metas com seu time, fazendo o certo? No mundo de alta performance, a frase "meta dada é meta batida" é levada tão a sério quanto no meio militar a frase "missão dada é missão cumprida".

  A única razão de existência de um líder nas organizações é essa: levar o time a bater meta.

Alguns empresários e líderes operam muito bem em tempos bons, mas poucos se mantêm agindo com a mesma intensidade em momentos difíceis. Se eu preciso correr mais que meu concorrente, preciso também ter emoções melhores do que as dele, pensamentos melhores do que os dele e devo tomar decisões mais rápido do que ele.

A Accountability Pessoal é uma virtude moral que nos faz pensar, agir como donos e entregar resultados excepcionais.

Quando chega um período mais desafiador, desses em que a água bate no queixo e a gente precisa se concentrar em manter a cabeça acima do nível da água, boa parte da alta liderança das empresas fica sem norte. Permitem que o medo e a incerteza contaminem seus processos de decisão, esquecem que sem uma visão positiva do futuro e sem ação o homem nem teria saído das cavernas.

As empresas que conseguiram incorporar elementos de Accountability na sua cultura (traduzidos como protagonismo, proatividade pessoal e pensar/agir como dono) vão sofrer menos, vão sair mais cedo de qualquer crise e podem até se tornar mais fortes do que antes.

E aí? Já começou a calçar os seus tênis?

---

5 Bater meta com seu time, fazendo o certo. O conceito está presente no livro *O verdadeiro poder*, de Vicente Falconi.

O que eu preciso ter para levantar voo correndo contra o vento?

Com a quantidade de informações que você já assimilou, você mesmo pode responder a essa pergunta.

Em primeiro lugar, você deve ter Accountability Pessoal. Junto com ela, vêm suas onze ações que irão ajudar o gestor a correr contra o vento. Essas ações estão classificadas por ordem de importância – mas na ordem da importância que têm para mim. Talvez para você a hierarquia seja outra. Você pode reordenar essa lista como quiser. O importante é que todas estas ações da Accountability Pessoal estejam nela:

- Criar um ambiente emocional acolhedor;
- Pensar e agir como dono;
- Sonhar grande;
- Ativar o estado de alerta
- Desenvolver a ambição;
- Desenvolver a coragem;
- Ter ação imediata;
- Desenvolver o interesse genuíno;
- Criar transparência;
- Buscar resultados excepcionais;
- Ter gestão por consequência.

Ações para o gestor correr contra o vento	
Criar um ambiente emocional acolhedor	O ambiente deve ser formado por um time que apoie e acredite nas decisões tomadas pela liderança. Sem confiança e otimismo é difícil correr contra o vento: • Para o líder – o nível de delegação e de confiança no time deve ser maior. • Para o liderado – o nível de autonomia já dada deve ser praticado.

Ações para o gestor correr contra o vento	
Pensar e agir como Dono	Lideres que pensam e agem como donos trabalham com a seguinte lista de prioridades: 1 - o cliente 2 - os acionistas ou controladores 3 - seu time 4 - suas necessidades
Sonhar grande	Quando o líder para de enxergar seu sonho, passa a olhar para baixo, focando o presente e seus problemas. A visão positiva do futuro não pode ser negociada nem abalada.
Ativar o estado de alerta	Toda operação apresenta oportunidades de melhoria. Colocar o seu time para identificá-las é o primeiro passo.
Desenvolver a ambição	Ambição é diferente de ganância. Ambição é uma qualidade positiva que nos leva a ser sempre melhores. O contrário de ter ambição é conformar-se. Líderes de alta performance não podem se conformar nunca com seus resultados, por melhores que sejam. Para progredir, é preciso ambicionar sempre mais.
Desenvolver a coragem	Nas reuniões, o líder deve ser combativo. Deve combater o temor, o pessimismo e a falta de confiança com posturas firmes e nutrição mental (frases motivadoras, pensamentos positivos e casos de superação).
Ter ação imediata	Em situações adversas, a velocidade da tomada de decisões, gerada pelo senso de urgência, pode fazer a diferença entre fracasso e sucesso
Desenvolver o interesse genuíno	Seu time precisa ser desenvolvido. Com urgência. *Feedback* & Coaching são as melhores ferramentas para um desenvolvimento acelerado, mas sem interesse genuíno e sem empatia essas conversas serão perda de tempo.
Criar transparência	Erros do líder e do time são inevitáveis quando se passa por circunstâncias adversas, mas o problema não são os erros e sim não querer ver e aprender com eles. Permanecer aberto para ouvir é essencial para lidar com esse cenário.

Ações para o gestor correr contra o vento	
Buscar resultados excepcionais	Lembra-se de qual é a missão do líder?
Ter gestão por consequência	Basta apenas um único membro de um time atuando com condutas diferentes do grupo para comprometer toda a moral do grupo e colocar em risco o sentimento de pertencimento. Sem gestão de consequência não há como construir um time.

SE O RIO ESTÁ CONTAMINADO, A ÁGUA DEVE SER TRATADA

Imagine que você é um industrial do ramo de bebidas. Para instalar uma nova unidade industrial, procurou uma região que oferecesse boas condições de logística e lá encontrou uma "mosca branca", como dizem os corretores de imóveis: uma raridade, um terreno perfeito, por um preço abaixo do que você estava disposto a pagar. Duas estradas para receber matéria-prima e escoar os seus produtos, uma rotatória próxima, autorização legal para captação de água de um rio próximo. Você mandou analisar a água e constatou que a qualidade é boa. Obteve financiamento do BNDES e de bancos internacionais, ergueu a fábrica e recebeu as máquinas.

Mas, semanas antes de iniciar a produção, seu novo gerente de qualidade, detalhista e com fama de chato, apresenta uma nova análise da água, que aponta níveis de contaminação por poluentes incompatíveis com o uso humano. Outras análises confirmam isso. O rio simplesmente mudou.

Com investimentos de 400 milhões de dólares obtidos através de dívidas contraídas no país e no exterior, subitamente você constata que a matéria-prima mais importante para a sua produção – que é a água – não está mais em condições de uso.

O que você vai fazer?

Se você permitir que essa água vá para a sua produção, ela irá contaminar seus produtos. Vai colocar em risco a saúde dos seus clientes. Irá conspurcar a sua marca. Sua imagem nunca mais será a mesma.

O que você faz?

Reclama para o governo local? Processa as três fábricas que estão rio acima, por contaminarem a sua água, despejando uma quantidade de efluentes maior do que a que aparece nos relatórios? Manda embora o gerente de qualidade?

Ou você trata a água?

Toma iniciativa de fazer aquilo que nem o governo e nem a sociedade fizeram, que é cuidar do rio.

Para enfrentar essa adversidade, você vai ter que ir além das responsabilidades básicas de um empreendedor responsável: vai ter que comprar uma miniestação de tratamento de água, com tanques e subtanques, para implementar todos os processos de coagulação, floculação e decantação, de modo a retirar as partículas maiores de impurezas; vai ter que filtrar a água para retirar as partículas menores; e, por fim, terá que desinfetá-la para eliminar micro-organismos causadores de doenças. Finalmente, precisa mandar analisar de novo a água que passou por esses processos de purificação.

Só então poderá utilizá-la, caso a qualidade seja aprovada.

Já visitei uma dúzia de fábricas de bebidas que fizeram tudo isso. Sei de algumas que captam água de um rio e a devolvem seis vezes mais limpa.

Se você faria tudo isso pela qualidade da água, por que não faz o mesmo com as pessoas?

Quando você procura gente para trabalhar em sua empresa, encontra o que a sociedade tem para oferecer. Em uma sociedade onde a Desculpability está instalada, pode apostar que a maior parte das pessoas está contaminada, do ponto de vista moral.

Assim como a água pode ser classificada em categorias, quanto à qualidade, as pessoas também podem ser classificadas sob a ótica da Accountability. É possível que você se choque com as palavras que vou usar: há gente excelente, gente boa, gente comum e gente ruim.

Quando digo "gente ruim" em meus workshops, percebo alguns olhares espantados, como se eu tivesse dito um absurdo. Mas a verdade é que tem gente de má qualidade trabalhando nas empresas. Há gente ruim prestando péssimos serviços aos seus clientes e difamando, com uma única ação, em segundos, uma marca que às vezes demorou anos para ser construída.

Tem gente ruim fazendo pedidos errados nos restaurantes, destratando clientes em call centers, dando informação errada em companhias aéreas, batendo carros ao manobrá-los, errando em cirurgias nos hospitais, atrasando entrega de produtos que não podem ficar fora da geladeira por mais do que algumas horas – a lista é enorme.

O motivo de termos tanta gente ruim tomando o lugar de gente boa é a tolerância e a complacência dos gestores, que sempre dão mais uma chance. Não percebem que é possível ser melhor, não compreendem que devem exigir mais do seu time e de si mesmos. Os culpados pela presença de gente ruim nas empresas são gestores que acham normal tolerar trabalhadores despreparados ou que estão sempre de má vontade, sem entregar serviço com a qualidade devida.

Seguindo a mesma classificação usada para a qualidade do ar que respiramos ou da água que tomamos, segue abaixo uma tabela de classificação de qualidade de gente, segundo sua atuação com relação a alguns itens básicos de comportamento que chamei de "características".

Características	Gente ruim	Gente comum	Gente boa	Gente excelente
Accountability Pessoal	Baixa Accountability. Faz somente o que é pedido, e geralmente de forma incompleta. Só executa completamente depois de insistência do gestor.	Accountability mediana. Faz somente o que é pedido, mas às vezes faz além.	Alta Accountability. Quase sempre faz além do que é pedido.	Altíssima Accountability. Sempre faz além do que é pedido.
Desculpability	Alta Desculpability. Reclama de tudo, aponta culpados, leva energia negativa ao trabalho.	Desculpability mediana. Reclama de algumas coisas.	Desculpability baixa. Quase nunca se queixa.	Nenhuma Desculpability. Nunca se queixa. Compreende que Shangri-la Corporativo não existe.

Características	Gente ruim	Gente comum	Gente boa	Gente excelente
Alinhamento com o gestor	Nenhum. Não demonstra nenhuma admiração ou respeito. Admiração é importante para construir uma relação de confiança com o líder, fundamental para momentos que necessitem de superação.	Mínimo. Às vezes demonstra admiração e respeito.	Forte. Demonstra admiração e respeito.	Muito forte. Demonstra grande admiração e respeito.
Adesão à cultura da empresa	Nenhuma. Não tem a menor ideia do que é isso.	Baixa. Conhece a cultura da empresa, mas não se identifica com ela.	Muita. Conhece e defende a cultura da empresa.	Enorme. Age como um missionário da cultura da empresa.
Vontade de aprender	Nenhuma. Não tem o menor interesse nisso.	Pouca. Somente quando um tema lhe interessa.	Alta. Tem interesse em aprender, mas isso precisa partir da empresa.	Enorme. Tem grande interesse e, se precisar, está disposto a investir do seu próprio bolso para se aperfeiçoar.
Gratidão	Somente para com seu grupo de colegas.	Pouca. Geralmente a quem fez sua indicação ou a alguns poucos colegas, mas não à empresa.	Muita. Pelas oportunidades que a empresa lhe oferece.	Enorme. Pelas oportunidades de carreira que a empresa lhe ofereceu, pelas conquistas pessoais e pelo que aprendeu na empresa. (Para isso, a pessoa precisa estar na empresa há algum tempo. Senão não dá certo...)

Características	Gente ruim	Gente comum	Gente boa	Gente excelente
Respeito	Somente por seu grupo de colegas.	Pouco. Às vezes demonstra falta de respeito.	Muito. Trata sempre a todos de forma respeitosa.	Enorme. Trata sempre a todos de forma muito respeitosa, inclusive as pessoas que ocupam cargos mais simples.
Boa vontade	Somente para com seu grupo de colegas.	Pouca. Somente se estiver dentro do seu horário de trabalho e na atribuição da sua função.	Muita. Se propõe a fazer algo mesmo não sabendo bem como se faz, mas tenta, vai atrás, pergunta, se esforça.	Enorme. Raramente diz "não dá" ou "não posso".

O "tratamento" de gente é o esforço que uma empresa faz em alinhar pessoas com a cultura corporativa, e é tão trabalhoso e custoso quanto o tratamento da água, mas as empresas que aprenderam a fazer bem esse processo não abrem mão dele. Pessoas que pensam diferente da cultura vão, cedo ou tarde, agir de forma diferente e basta um único indivíduo com valores distorcidos para contaminar os outros.

Capítulo 8:

Lendas que bloqueiam a mudança

Mude antes que você seja obrigado a mudar.

Jack Welch[6]

---

6 Tornou-se um dos mais respeitados CEOs do mundo. Foi presidente da GE por 21 anos. Nesse período, elevou o faturamento de 25 bilhões para 130 bilhões de dólares e a receita líquida de 1,5 bilhão para 15 bilhões de dólares. Dados disponíveis em: <https://jackwelch.strayer.edu/about/jack-welch>. Acesso em: 18 set. 2015.

Lendas foram e são usadas para explicar um fato ou acontecimento misterioso, geralmente era uma história na qual estavam presentes dois componentes: um fato real e um imaginário ou um evento histórico e uma fantasia. Lendas são contadas oralmente e, pela repetição, acabam fazendo parte do folclore local.

Mas ribeirinhos, sitiantes e pescadores não são os únicos a contar suas lendas, executivos também fazem uso desse recurso para explicar algo que não entendem ou que simplesmente não concordam.

1. Só teremos Accountability Pessoal nas empresas quando essa virtude for ensinada nas escolas

Será mesmo?

Arthur Schwambach nasceu em Vitória e ficou órfão aos 14 anos. Aos 17, entrou para o Exército. Foi transferido para Recife, onde fez cursos de mecânica e chegou ao posto de sargento. Em 1970, com 31 anos, deixou o exército. Comprou um ônibus usado, que havia sido construído sobre o chassi de um caminhão Chevrolet 1947, e iniciou uma linha de transporte de passageiros pelo interior de Pernambuco. Nascia a empresa Borborema. Arthur era o motorista do dia, o da noite, o emissor de bilhetes, o cobrador, o encarregado da limpeza e também, claro, o mecânico.

Passados alguns anos, o sucesso da empreitada levou à necessidade de comprar um segundo ônibus. Surgiu a preocupação de ter uma oficina na região, já que a mais próxima ficava em Recife. Arthur entrou em contato com a fábrica da Mercedes e a conversa acabou evoluindo para uma pergunta: por que não abrir uma concessionária de ônibus e caminhões?

Em 1980, ele abriu uma revenda autorizada de ônibus e caminhões Mercedes na região de Palmares, em Pernambuco. Em 1984, inaugurou uma concessionária Toyota em Aracaju, Sergipe. Era uma operação de venda de utilitários, pois na época automóveis da marca ainda não eram produzidos no Brasil. Em 1991, mais uma revenda, desta vez da Fiat, em Recife. A partir daí, Arthur não parou mais.

Hoje, o Grupo Parvi, com base em Recife, atua em treze estados do país, com sessenta pontos de venda. Está no ramo de locação de automóveis, compra e venda de seminovos e venda de veículos novos das marcas Audi, Fiat, Harley Davidson, Jeep, Massey Ferguson, Mercedes (carros e caminhões), Nissan, Renault, Toyota e Volkswagen, além de pneus Michelin.

Até aqui, nada de diferente. Uma bonita história de sucesso, como muitas outras. O que distingue o Grupo Parvi não é o que eles fizeram no passado, mas a visão positiva do futuro.

Em abril de 2015, o segmento de automóveis apresentou uma queda de 25% em relação a 2014. O pessimismo tomou o setor. Muitos empresários varejistas cancelaram investimentos previstos – mas não o Grupo Parvi. Em vez disso, abriram quatro novas operações, investindo 9 milhões de dólares. Quando perguntei ao Bruno Schwambach, neto de Arthur, o que inspira o Grupo andar na contramão do mercado, ele me deu cinco razões:

1. Essa sempre foi a estratégia usada pelo grupo: sonhar grande e seguir trabalhando...
2. ... para cair menos do que o mercado. Quando um segmento cai, sempre tem um grupo de empresas que cai mais e outros que cai menos. Eles querem permanecer no grupo que cai menos...
3. ... para aproveitar a oportunidade, comprando bons pontos comerciais por bons valores e ocupando regiões que a concorrência abandonou ou menosprezou.
4. O mercado nunca fica ruim para sempre. Uma hora vai melhorar, e nesse momento eles vão sair na frente, estando mais fortes que os concorrentes.
5. Eles precisam dar vazão ao estoque de gente boa que têm. Uma das frases que ele mais ouvia de seu pai, Pedro, filho do fundador Arthur, é: "Temos que formar pessoas!" E de tanto essa frase ser repetida, acabou se tornando uma política de RH. O Grupo Parvi não pega profissionais do mercado: todos são formados internamente. Por isso foi criado um estoque de líderes prontos, ávidos para assumir novas operações.

Hoje Arthur Schwambach tem 95 anos e, apesar de os médicos terem recomendado que pare, ainda trabalha todos os dias, inclusive aos domingos. Quando iniciou sua carreira de grande empresário, provavelmente nunca tinha ouvido falar em Accountability Pessoal. E talvez ainda não tenha a menor ideia de sua tradução – mas nem precisa. Analisando sua trajetória, percebe-se claramente na sua personalidade a presença de virtudes morais fortes, como pensar e agir como dono de sua vida e sonhar grande.

Nosso país é rico em histórias como essa, de empresários que ergueram suas empresas e souberam aproveitar os bons momentos, sem desanimar nos momentos difíceis. São eles que movimentam a nação.

Precisamos de pessoas assim. Gente que sabe como agir nos momentos fáceis e diante dos difíceis. Gente que, quando algo dá errado, não sai em busca de culpados, que não fica reclamando nem comparando os resultados magros do presente com as margens gordas do passado, que expande seus negócios e ajuda o país a crescer. Gente que forma gente.

2. Não dá para ser feliz em um ambiente de alta performance

Sempre que dou exemplos de empresas de alta performance, alguém diz que deve ser muito difícil trabalhar nesse tipo de ambiente. Aí vêm as histórias de terror, casos de amigos ou parentes que trabalharam em uma empresa de altíssima performance como Ambev, Apple, GE, Google, Itaú, Red Bull, Walmart, sofreram muito e não aguentaram a pressão.

Aprendi com esses relatos "tristes" que toda história tem mais de um lado, e todos os ângulos precisam ser explorados. Alguns deles:

- Quem está se queixando?

  Desconfie de quem conta que saiu de uma grande organização porque era muito cobrado ou pressionado.

  Por que devemos acreditar que a empresa era inadequada, e não a pessoa que saiu?

  E os que ficaram lá? O que eles dizem?

  Será que essa pessoa está disposta a ser desafiada e cobrada?

- Identificação com o gestor

  A relação com o gestor direto é uma das principais fontes de satisfação ou insatisfação. Se não houver identificação com o gestor, dá para conviver e trabalhar normalmente, mas, quando há, é muito mais fácil.

  A admiração é importante nos momentos de mudança, quando uma nova ideia é vendida, quando se implanta um novo processo ou sistema (SAP, por exemplo) ou diante de uma fusão. Nesse momento, gestores que são admirados pelo time conseguem conduzi-lo através da mudança de forma muito mais tranquila do que gestores que têm uma relação fria com sua equipe.

- Felicidade

  50% dos fatores que impactam nossa felicidade estão relacionados diretamente às nossas decisões, e não necessariamente ao trabalho.

  São as decisões do dia a dia que fazem com que nos sintamos bem ou mal.

- Cobrança

  Não é a cobrança em si que nos deixa infelizes, mas sim a forma como somos cobrados. A meta é inofensiva, o problema é o ser humano por traz dela. Há mais de quinze anos, faço uma atividade muito simples com barbantes, na qual os participantes precisam dar nós em barbantes com apenas uma das mãos. São três rodadas. Na 1ª rodada eles são convidados a usar a mão que usam para escrever, geralmente escolhem a mão direita, após 3 minutos de atividade, todos param e somam a quantidade de nós produzidas pelo grupo. Na 2ª rodada, eles são desafiados a imaginar quantos nós fariam, durante o mesmo tempo (3 minutos), só que com a outra mão. Geralmente quando menciono a frase "com a outra mão", o que eu ouço são frases negativas e comentários de que é impossível fazer nós com a mão esquerda. Peço então, que eles proponham quantos nós eles dariam conta de fazer com a mão esquerda. Em geral recebo metas 50% inferior aos números realizados com a mão direita. Antes de iniciar a 3ª rodada, percebo sempre um clima de euforia para tentar superar aquela meta tão baixa que eles mesmos se deram, essa motivação espontânea é fundamental para a superação. Na 3ª rodada, ligo o cronômetro com os mesmos 3 minutos e autorizo que eles iniciem a produção dos nós com a mão esquerda. Os resultados são sempre surpreendentes, em geral, eles produzem com a mão esquerda de 30% a 50% a mais do que fizeram com a mão direita. A razão é simples: as metas nesse exercício não foram impostas, enfiadas "goela abaixo". Eram espontâneas. Faz uma enorme diferença a forma como as metas são apresentadas.

- Shangri-la é um lugar paradisíaco onde há felicidade, saúde e harmonia entre todas as pessoas. Um paraíso terrestre.

  Eu só conheço uma empresa que pode ser considerada, guardadas as devidas considerações, com uma "Shangri-la Corporativa": a Zappos, uma empresa de venda de calçados on-line cuja sede fica em Henderson, Nevada. Nick Swinmurn fundou a Zappos em 1999, mas um ano depois a vendeu para Tony Hsieh. Tony, formado em Havard, tinha acabado de vender sua empresa, a LinkExchange para a Microsoft por 265 milhões de dólares e comprou a Zappos com o objetivo de transformá-la em uma empresa lucrativa, mas cujo ambiente de trabalho fosse uma referência de clima corporativo de felicidade. Ele é um apaixonado pelo tema *felicidade no trabalho* e pode fazer tudo que sempre acreditou que poderia ajudar uma pessoa a trabalhar feliz. Implantou programas como, por exemplo, o direito de recusar-se a trabalhar na empresa dele. Depois de trinta dias de treinamento de integração, o novo colaborador pode decidir que prefere ir embora, levando um cheque de 2 500 dólares e sem precisar dar explicações. O direito de escolha em qual área ou setor a pessoa quer trabalhar, a escala de trabalho, quantos dias na semana a pessoa quer trabalhar. A própria localização da sede da empresa, a apenas trinta minutos de Las Vegas é proposital com o foco na felicidade, permitindo às pessoas acesso fácil a shows, festas, festivais e cinemas. Estive lá fazendo uma visita técnica e entrevistei algumas pessoas. Realmente, encontrei muita gente simpática. O ambiente é bem interessante, mas não é perfeito – pois é uma empresa, e não existem empresas perfeitas, assim como não existem casamentos perfeitos nem países perfeitos. Tudo é questão de aprender a conviver, fazer concessões e equilibrar o lado bom com o lado não tão bom.

Em vez de comprar a ideia de que o modelo de gestão de alta performance é inadequado, proponho a seguinte pergunta: se uma empresa é desumana, por que há tantas pessoas trabalhando nela? Afinal, o Itaú Unibanco tem em torno de 109 mil colaboradores, a Inbev (Ambev) tem 155 mil e o Walmart tem 2,2 milhões, de acordo com a pesquisa realizada.[1]

Se fosse verdade que a presença de metas e a pressão forte por resultados causam infelicidade, poderíamos concluir que a ausência de metas e de pressão geram felicidade, certo?

---

1 Pesquisas realizadas: Itaú Unibanco, disponível em: <https://www.itau.com.br/sobre/quem-somos/visao/>. Acesso em 15 set. 2015; Inbev, disponível em: <http://www.ab-inbev.com/content/dam/universaltemplate/abinbev/pdf/media/press-kit/AB-InBev-FAQs-Oct-2014.pdf; Wallmart>. Acesso em: 15 set. 2015; 7 most employees companies, disponível em: <http://fortune.com/2015/06/13/fortune-500-most-employees/>. Acesso em: 18 set. 2015.

Então órgãos públicos, secretarias estaduais e ministérios públicos seriam excelentes exemplos de ambiente feliz, em que o bom humor e alegria dominam. Todos sabemos que repartições e órgãos públicos também trabalham com metas, mas seus mecanismos de cobrança em termos intensidade e de gestão por consequência são completamente diferentes das empresas de alta performance, sem falar na estabilidade de emprego que boa parte dos cargos concursados têm. Nos órgãos públicos em que atuei, encontrei excelentes profissionais em termos de capacidade técnica, intelectual e virtudes morais, mas em termos de clima de trabalho, eram ambientes comuns.

Tal Ben-Shahar[2], uma das maiores autoridades sobre felicidade no mundo corporativo, propõe cinco pilares para o desenvolvimento da felicidade:

1. Espiritual
2. Físico
3. Intelectual
4. Social
5. Emocional

Em nenhuma das suas palestras e em nenhum dos seus livros há alguma menção a ser impossível ser feliz em um ambiente de alta performance.

Acreditar que a felicidade está relacionada ao meio é transferir a nossa responsabilidade para os outros.

---

2 Psicólogo judeu norte-americano, palestrante, escritor e professor de psicologia na Universidade de Harvard. Seu curso é um dos mais populares nessa instituição, recebendo cerca de mil inscrições por ano.

3. Demora muito! Vai levar uns dez anos até eu conseguir implantar a Accountability Pessoal no meu time

Depende de como você pretende fazer isso.

Se você delegar o processo para a área de gente, talvez nem em dez anos terá uma cultura de Accountability Pessoal.

Se você conduzir pessoalmente o processo, der exemplo, persistir, sem demitir ninguém, talvez em dez anos você consiga ter a cultura consolidada, vencendo pelo cansaço os Homers Simpson, que são aqueles já impregnados com a Desculpability.

Mas se você e a área de gente trabalharem juntos na condução do processo, se você pessoalmente der exemplos, persistir e tiver a coragem de demitir os Homers Simpson, formando cópias de você mesmo em sua volta, provavelmente em três anos – talvez até menos do que isso – sua área parecerá outra, mais produtiva e mais harmoniosa. De início, esse conceito terá uma grande aceitação. Em seguida, haverá uma queda na empolgação e as desculpas subirão a um nível superior ao que vigorava antes de você começar a falar em Accountability Pessoal. Isso é efeito natural da resistência da Desculpability que, percebendo que está sendo colocada em cheque, vai resistir.

Este é o momento de começar a remover os Homers.

4. Alta performance só se aplica às vendas

Vejamos dois casos que negam essa afirmação. Um deles se passa num grande hospital, outro numa igreja.

Caso 1

O SalesForce é um aplicativo de gestão de relacionamento com o cliente[3] desenvolvido originalmente para a área comercial. Mesmo na sua versão básica, é um excelente instrumento para o time de vendas. No entanto, cada empresa tem diferentes características e necessidades de relacionamento com o seu mercado, e a SalesForce precisou desenvolver soluções sob medida, atendendo às expectativas dos seus usuários. Expandiu suas versões e hoje

---

[3] *Customer Relationship Management* (CRM).

desenvolve soluções para setores da economia que não têm relação direta com vendas, como o setor hospitalar, por exemplo.

Durante a internação, a área de maior contato com o paciente é o corpo de enfermagem. São esses profissionais que entram diversas vezes por turno em cada quarto, e saber como é feito o atendimento é fundamental para um hospital. Com essa preocupação, o Hospital Samaritano solicitou ao Sales-Force um aplicativo de relacionamento entre paciente, corpo de enfermagem e corpo clínico. O processo funciona assim: entre dez e quinze minutos depois de o paciente ter feito o *check-out*, saindo do hospital, uma mensagem é enviada ao seu celular com poucas perguntas (entre 3 e 5) sobre a hospitalidade e a satisfação com o tratamento. As respostas digitadas pelo paciente são enviadas instantaneamente para 250 líderes das áreas médica, de enfermagem, de hospitalidade e de marketing, envolvendo gestores desde os níveis de supervisão até a diretoria. Com isso, o Samaritano consegue medir em alta velocidade a percepção dos pacientes, para controlar a qualidade dos serviços e treinar melhor seu time de profissionais.

Caso 2

Em 2008, uma paróquia da Grande São Paulo vivia vazia.

Muitos bancos ficavam desocupados até mesmo nos domingos na missa das onze horas, o horário mais nobre. Já fazia algum tempo que era assim e os fiéis que ainda frequentavam a igreja achavam essa ausência normal.

Mas um padre recém-chegado para assumir a paróquia formada por essa e outras doze igrejas, trouxe um olhar diferente. Com curso de gerenciamento de empresas e marketing, a percepção que tinha dos problemas da paróquia era outra. Baseava-se em sua ótica de gestão.

Os problemas que ele detectou iam muito além da ausência de fiéis na missa das onze:

A. Faltava liderança em todas as áreas de apoio;

B. Havia competição e até rixa entre alguns setores;

C. Havia baixa colaboração entre os voluntários. Nas reuniões, alguns se comportavam como se fossem ilhas;

D. A distribuição de responsabilidades entre os voluntários não era eficiente, gerava acúmulo de funções para alguns e falta do que fazer para outros;

E. Além disso, havia algumas barreiras de gestão do tipo: como dar *feedback* negativo para os voluntários? Como desligar voluntários se eles nem ao menos eram contratados, e por isso não podiam ser demitidos?

O padre se cercou de gente boa e encontrou, entre os fiéis, excelentes consultores de recursos humanos que se engajaram de forma espontânea na ideia de desenvolver um modelo de gestão eficiente para a paróquia. Algumas reuniões depois, o projeto estava pronto e foi assinado por todos os principais envolvidos.

Com base nesse documento, ele iniciou as seguintes ações:

- Envolveu todos em um sonho único de evangelizar a comunidade;
- Criou um lema: "Para evangelizar, é preciso melhorar";
- Dividiu as doze igrejas em quatro áreas, com um líder paroquial para cada grupo de três igrejas;
- Instituiu uma reunião mensal com as lideranças;
- Descentralizou as decisões através de grupos autônomos;
- Compartilhou responsabilidades através da gestão participativa;
- Distribuiu metas diferentes para cada igreja, de acordo com os problemas específicos;
- Melhorou a qualidade dos brindes nos bingos – em vez de toalhas bordadas a mão como prêmio, foram sorteados geladeiras, tablets, laptops e um prêmio em dinheiro que em 2010 equivalia a mil dólares, investimento da própria igreja que resultou em aumento de vendas de ingressos nas festas e quermesses;
- Melhorou a qualidade dos eventos e festas;
- Contratou melhores cantores.

Resultados:

	Antes (2008)	Depois (2012)	Performance
Primeiras comunhões	230	280	+ 21,74%
Batismos	30	40	+ 33,33%

	Antes (2008)	Depois (2012)	Performance
Casamentos	12	24	+ 100%
Fiéis na missa das 11h	150	450	+ 200%

Alta performance está relacionada às vendas, sim, mas é também muito mais do que isso. É não se conformar com os números do momento, mesmo que sejam bons. É querer fazer sempre melhor, mais rápido, com melhores resultados, de forma mais segura. Isso se aplica a toda empresa, em qualquer segmento, do vendedor ao diretor de vendas, da recepção ao presidente e do coroinha ao padre.

Segundo o Empresômetro, do Instituto Brasileiro de Planejamento e Tributação (IBPT), o Brasil tem pouco mais de dezoito milhões de empresas ativas[4]. Imagine se em cada uma delas houver um líder interessado em ler, em aprender (como você) e decidido a desenvolver uma cultura de alta performance no seu negócio? Já imaginou que grande nação seríamos?

5. O que eu preciso agora é cortar custos, e a Accountability Pessoal não vai me ajudar nisso

Quando a economia está em baixa, as atenções dos empresários e de seus executivos se voltam para o exercício de cortar despesas, buscando redução de custos. Claro que funciona, no curto prazo. Mas, no médio prazo, esse corte pode não ser produtivo.

Cortar despesas é uma forma de reduzir custos, mas não é a única – e nem sempre é recomendável ser praticada isoladamente.

Outra maneira de se reduzir os custos é aumentar a produtividade, uma vez que custos e produtividade, quase sempre, têm relação inversa: quando um aumenta o outro diminui. E vice-versa.

Produtividade deveria ser o maior foco do empresário, mas nem sempre tem sido. "Produtividade não é tudo, mas a longo prazo, é quase tudo" – esta

4 Empresas ativas: empresa (individual), sociedade limitada, associação privada, produtor rural, sociedade simples, empresa individual de responsabilidade limitada, condomínio edifício, sociedade anônima fechada, organização religiosa e sociedade simples pura.

frase precisou ser dita por um prêmio Nobel da Economia (2008)[5], Paul Krugman, para ser levada a sério por uma parte do empresariado. Em termos de produtividade, o Brasil joga dinheiro pela janela. Temos muito a aprender.

Vejamos:

Uma famosa rede americana de hoteleira tem, sob o seu leque de marcas, onze categorias diferentes de hotéis, indo do mais despojado ao mais sofisticado. Ela opera uma das suas novas marcas em Los Angeles com 39 funcionários. A mesma rede, com a mesma categoria de hotel, utilizando os mesmos processos, opera em Santiago, no Chile, com 52 funcionários, e, em São Paulo, com inauguração prevista para 2016, ela irá operar com 60 funcionários, 55% a mais que a operação de Los Angeles.

Na construção civil, dois pedreiros erguem 17 metros quadrados por dia no Brasil. Nos Estados Unidos, dois pedreiros erguem 50 metros quadrados em um dia.

Uma supervisora de uma rede de cafés e pães de nome francês, que opera na Europa, nos EUA e no Brasil, relatou que usa o dobro de funcionários no Brasil, com relação aos Estados Unidos. E a produtividade norte-americana é simplesmente 4,5 vezes maior que a brasileira.

Um operário brasileiro produz em um ano, em média, 22 mil dólares. Seu colega norte-americano produz 100 mil dólares por ano. Um funcionário alemão produz quatro vezes mais que os nossos, com uma jornada de 38 horas semanais, contra 44 horas no Brasil.

Os estudos sobre a produtividade brasileira constatam que três fatores reduzem nossos resultados: educação, legislação e infraestrutura. Esses estudos reforçam a tese de que há um desnível na formação técnica e operacional, especialmente ao número de anos de estudo em um país, com relação ao outro: sete anos e meio de escolaridade em média para os brasileiros, contra doze anos dos americanos.

No entanto, a maioria dos funcionários dos hotéis, restaurantes, lojas e fábricas nos Estados Unidos não são americanos, são principalmente latinos e asiáticos com níveis de escolaridade, em termos de anos de estudo, semelhantes

[5] KRUGMAN, Paul. *The age of disminished expectations.* Cambridge: MIT Press, 1990, p. 11.

aos nossos. Portanto, não é a educação escolar que está fazendo a diferença, e sim a educação corporativa e, principalmente, o ambiente que estimula o funcionário a pensar e agir como dono da empresa. O ambiente é fundamental para o desenvolvimento da Accountability Pessoal e foi detalhado no "Capítulo 6: Cultivando a Accountability, colhendo pérolas".

Um executivo brasileiro de uma multinacional brasileira com operações nos EUA foi expatriado inicialmente por dois anos. Logo que chegou, ele percebeu que, apesar de a empresa americana ter sido comprada pela empresa brasileira, seus colegas dos Estados Unidos eram mais produtivos do que os brasileiros expatriados. Observou que havia uma diferença na rotina de trabalho dos americanos e dos brasileiros e foi tomando nota das principais diferenças.

Eis o resumo que ele fez:

Diferenças de rotinas

Horários	Rotina dos americanos	Rotina dos brasileiros
Horário de chegada	Entre 8h45 e 8h50.	Entre 9h00 e 9h15.
Preparação para começar a trabalhar pela manhã	Individual – fazem suas rotinas sozinhos: • Pegam um café, enchem uma garrafa de água e levam para a baia. • Trocam o calçado (de tênis esportivo para sapato social). • Ligam o computador enquanto trocam o calçado.	Em grupo – esperam chegar dois ou três colegas: • Tomam café em duplas, trios ou mais. • Conversam e riem enquanto tomam o café. • Vão para a área de trabalho. • Ligam o computador.
Início do trabalho	Entre 9h e 9h05.	Entre 9h30 e 9h40.
Intervalo para fumar	Individual: • Saem em média 4 vezes ao dia. • 5 minutos de cada vez.	Em grupo – sempre em duplas, ou trios, conversam e riem: • Saem em média 4 vezes ao dia. • 15 minutos de cada vez.
Horário de almoço	Individual: • Levam lanche e comem na própria baia ou no espaço do café. • De 10 a 15 minutos.	Em grupo – duplas, trios ou mais: • Vão a um restaurante próximo (mas às vezes a um restaurante mexicano que fica um pouco mais longe) • De 60 a 90 minutos.

Horários	Rotina dos americanos	Rotina dos brasileiros
Rotina para começar a trabalhar após o almoço	• Voltam a trabalhar, sem sair da baia.	• Pegam a *nécessaire* na mochila. • Vão ao banheiro. • Escovam os dentes e passam fio dental. • Guardam a *nécessarie* de volta na mochila. • De 10 a 15 minutos.
Hábito de pegar água	• Tomam água na própria baia, da garrafa que levaram. • A cada 60 ou 90 minutos, levantam para ir ao banheiro e, na volta, já enchem a garrafa. • Vão ao banheiro duas vezes por período, levando de 5 a 10 minutos.	• Tomam água em copo, levantando diversas vezes da baia, mesmo não tomando muita água. • Vão ao banheiro várias vezes ao dia, por 5 minutos cada vez.
Horário de saída	17h.	Entre 19h e 19h30.
Observação	• Saem no horário todos os dias, sendo que nas sextas-feiras saem mais cedo. • O trabalho sempre é entregue no prazo.	• Ficam até mais tarde todos os dias, para entregar o trabalho. • Entregam quase sempre fora do prazo. • O rendimento cai muito depois das 17h30.

Segundo o executivo que fez esse estudo, os brasileiros que chegavam a essa operação nos Estados Unidos procuravam integrar-se ao grupo dos seus compatriotas, o que facilitava sua acolhida no país. Ele escolheu o caminho mais difícil, o de se adaptar à rotina de trabalho dos americanos. Fez isso por lhe parecer que seria mais produtivo.

No início foi difícil manter-se afastado da "galera" durante os rituais de café e almoço, mas, depois de um mês e meio, ele estava bem adaptado. Aos poucos, desenvolveu maior contato com os americanos do que com os brasileiros. Passou a ser chamado para aniversários e churrascos nos finais de semana, desenvolveu forte amizade com alguns americanos, seu inglês melhorou muito, a ponto de ser chamado pelos outros brasileiros para coordenar a reunião quando tinha *call.* Ao terminar seu período nos EUA, ele voltou ao Brasil em uma posição acima dos outros colegas que haviam ido para lá.

A rotina desse grupo de americanos sugere que o seu modelo mental é regido pela disciplina e pela responsabilidade da função, o convívio social é importante, porém está em segundo plano. Enquanto a rotina desse grupo de brasileiros é diferente, indica que o modelo mental é regido pelo convívio social, em que o mais importante é estar inserido em um grupo e ser aceito por ele, a disciplina e a responsabilidade da função são importantes, porém não estão em primeiro plano. O quadro das diferenças entre as rotinas não é resultado de nenhuma pesquisa científica e não deve ser usado para fazer afirmações, mas apenas para aguçar mais a nossa curiosidade sobre o tema produtividade e propor reflexões como, por exemplo, essa: será que se o gestor através da sua influência, inserisse no modelo mental do seu time, elementos de pensar, agir como dono, a rotina poderia ser alterada?

Se você está preocupado com despesas, faz bem em procurar cortar custos, mas deveria também procurar elevar e amadurecer o nível de Accountability Pessoal, pois, em vez de você ser o único a se preocupar com custos, vai fazer todos à sua volta pensarem como donos.

6. Para implantar Accountability Pessoal, vou ter que trocar todo o meu time

Desligamento de colaboradores é quase sempre inevitável em migração para a cultura de alta performance, mas não necessariamente para implantação de Accountability Pessoal.

Roberto Franco tem uma longa carreira na TV, passou por diversas emissoras e, atualmente, é diretor de rede e regulamentação do SBT. Desde o início da sua carreira, ele sempre teve uma forte identificação com os elementos da Accountability Pessoal e, após ter participado de um dos workshops que realizei na sua emissora, ele se motivou mais ainda a implantar Accountability Pessoal na sua área. Nesse workshop, distribuí aos participantes um baralho contendo 52 cartas de conteúdo e ilustrações sobre o tema e expliquei que, como o ano tem 52 semanas, os gestores teriam uma carta por semana para trabalhar com os seus times e, com isso, sustentar o conteúdo apresentado no workshop.

A primeira ação foi implantar um *grupo de discussão* de Accountability Pessoal que semanalmente manteria conversas sobre o tema. Roberto teve a ideia de tirar foto das cartas de baralho, enviar por e-mail semanalmente a cada um do seu time, pedindo que eles lessem e que respondessem com um comentário, relacionando o conteúdo da carta com a realidade deles. Quem não respondesse não sofreria nenhuma advertência formal e nem verbal, mas não receberia as próximas cartas e, em função disso, não teria como participar das próximas discussões.

Além disso, ele fez um resumo do meu livro – *Accountability: a evolução da responsabilidade* – e acrescentou traduções dos conceitos para o mundo da emissora, transformando em uma apostila que internamente passou a ser chamada de *Livreto de Accountability*, que serviu com base para os multiplicadores desdobrarem esse conceito para as 23 filiais.

Após seis meses e cerca de 25 cartas trabalhadas, ele notou a seguinte diferença no grupo:

- A comunicação passou a fluir melhor;
- A distribuição dos papéis e das responsabilidades em cada novo projeto ficou mais fácil de gerir;
- Ficou muito mais fácil distribuir e acompanhar as metas;
- Diminuiu drasticamente as justificativas e explicações – veja esse exemplo que ele me deu: "O próprio colaborador quando começa a se explicar, para, pensa, olha para mim e pergunta: 'Isso é Desculpability, né?'. Eu só balanço a cabeça concordando e o colaborador interrompe imediatamente o discurso de desculpas e muda a direção da conversa para as soluções que poderiam ser dadas".

O SBT, assim como outras empresas, tem um programa de promoção interna, em que uma posição (vaga) aberta em uma área é comunicada para toda a empresa, permitindo que funcionários de outras áreas possam concorrer e serem promovidos. Um auxiliar administrativo da área do Roberto se candidatou e foi aprovado para a posição de analista. Antes de ir para o outro setor, esse auxiliar foi até a sala do Roberto para se despedir, agradecer e colocar as suas duas "condições" para aceitar a promoção: primeiro, que ele pudesse levar o *Livreto de Accountability* com ele; e a segunda condição, é que ele continuasse a participar dos Grupos de Discussão. Claro que ambas as "condições" foram aceitas.

Roberto Franco **não precisou demitir ninguém**, mudou a postura e o discurso do seu time com a sua comunicação, exemplo e interesse genuíno, comprovando aquela tese de que quem nessa vida quer realizar algo, sempre encontra um caminho, e quem não quer realizar nada sempre encontra uma desculpa.

Capítulo 9:

Como a alta performance derrota a Desculpability

A luta é vencida ou perdida bem antes de ser assistida,
antes das cordas do ringue, na academia do treino,
muito tempo antes de eu dançar sob os holofotes.

Muhammad Ali[1]

---

1 Muhammad Ali é um boxeador americano dono de um cartel de lutas com 5 derrotas e 56 vitórias. Se tornou uma lenda por sua postura de se recusar a lutar na Guerra do Vietnã com a sua famosa frase: "Nenhum vietcong jamais me chamou de crioulo, por que eu lutaria contra eles?"

Alta performance e Accountability Pessoal andam juntas. Nenhuma empresa performa em alta velocidade se não tiver os elementos da Accountability permeando toda a sua cultura: coisas como senso de urgência, pegar para si a responsabilidade e pensar/agir como dono. Mas cada empresa tem contextos e realidades diferentes. Consequentemente, o que funciona bem para uma pode não funcionar para outra, mesmo que haja problemas e necessidades semelhantes.

Apesar do título, este capítulo não pretende indicar um "caminho das pedras" para alguma empresa. Não há mágica, não há resposta pronta. Nem há solução que responda às necessidades de todas as empresas. Todas diferem entre si.

Para este capítulo, entrevistei presidentes, vice-presidentes e diretores de empresas de diversos setores, perguntando a eles o que fizeram para elevar a performance das suas empresas. À medida que eles iam me contando suas descobertas, fui associando erros (e um acerto) que percebi em outras empresas. E, com base nessa pesquisa, relacionei os dez principais elementos da alta performance.

1. Cultura corporativa sólida

Toda empresa de alta performance consistente tem cultura corporativa forte. Uma cultura forte tornou-se o objeto de desejo de todos os presidentes, acionistas e diretores de RH.

Por que esse objetivo tão desejado não é atingido?

Por dois motivos:

Primeiro, porque cultura é diferente de filosofia corporativa – e mais ainda de cultura corporativa sólida. A filosofia corporativa aparece com palavras bonitas em textos bem escritos, geralmente dividida em visão, missão, valores e princípios. Mas cultura corporativa é outra coisa.

A cultura é realmente praticada no dia a dia de uma empresa, principalmente pela alta gestão. E cultura corporativa sólida é verdadeiramente praticada por toda a empresa, desde o presidente até o estagiário, de forma tão natural, tão intrínseca a cada pessoa, tão introjetada nos que fazem parte da empresa, que ninguém precisa pensar conscientemente que está agindo de acordo com a cultura da empresa.

Filosofia corporativa sai barato. Cultura corporativa é muito caro. E esta sólida é valiosíssima.

Segundo, pelo fato de raramente a alta liderança estar realmente comprometida e engajada a falar sobre crenças e valores de forma exaustiva como precisa ser e sustentar a cultura com exemplos.

Os dez maiores erros:

1. **Delegar a elaboração da filosofia corporativa a terceiros, como consultores, agências de comunicação e/ ou de publicidade.**
Esses profissionais podem e devem ser usados como apoio à empresa. Mas delegar a eles a responsabilidade por definir a filosofia corporativa é começar errando.

2. **Delegar a elaboração da filosofia corporativa ao segundo escalão, acreditando que esse processo é algo a ser construído "a quatro mãos" e de baixo para cima.**
Convidar o segundo escalão a opinar é aconselhável, mas delegar a eles a tarefa de definir as crenças que irão nortear o futuro da empresa é descabido.

3. **Copiar palavras e textos da filosofia da empresa A, sem avaliar profundamente se isso faz ou não sentido para a empresa B.**
Na maioria das vezes, a cópia não funciona. Mas, em raros casos, pode dar certo. Uma empresa do segmento de shopping centers pegou, de forma autorizada, o texto da cultura de uma empresa de bebidas. Soube implantar e sustentar os conceitos com precisão e obteve um enorme sucesso.

4. **Não alinhar o segundo escalão com seus papéis de evangelistas da cultura.**
Cultura corporativa é como a fé para uma religião. Sem missionários, não há evangelização.

5. **Não alinhar com o RH os mecanismos de gestão de gente que darão suporte ao texto escrito.**
Se podemos considerar os executivos como missionários, a área de gente – o RH – são as pessoas que ajudam com o ritual religioso: transmitem as mensagens, cuidam do coral, mantêm as velas prontas, organizam os bancos, conservam o altar limpo e fazem o papel de ouvir no confessionário. Se a área de gente não estiver bem alinhada, o processo de implantação da alta performance fica estagnado.

6. **Não fechar com o segundo escalão um compromisso formal de comprometimento de implantação e de gestão por consequência.**

   Além do presidente, o segundo escalão é o nível do organograma que tem o papel mais importante na consolidação da cultura. Todo o restante da organização olha para eles e se espelha neles.

7. **Manter executivos com comportamentos e atitudes incoerentes com a filosofia corporativa, *mesmo que* sejam executivos-chave, altamente competentes, com excelentes entregas.**

   Desconheço casos de sucesso de consolidação de cultura cuja organização tenha sido complacente com desvios de comportamento dos executivos. O líder precisa ter a coragem de se livrar dos profissionais de sucesso desalinhados com a empresa.

8. **Não revisitar o texto da filosofia corporativa anualmente, procurando encontrar detalhes de frases, palavras e expressões que precisam ser atualizados.**

   O mercado, os concorrentes, as pessoas de um modo geral, os processos, tudo é dinâmico. Nada é estático no ambiente corporativo e o texto da cultura precisa antecipar essas mudanças. Ou, no mínimo, acompanhá-las.

9. **Não fixar um prazo para a consolidação da filosofia corporativa em forma de cultura, acreditando que, por se tratar de um conceito abstrato, não é possível determinar metas nem avaliar sua implantação.**

   As empresas têm conseguido consolidar sua cultura entre três e cinco anos, mas participei de um processo em que em dois anos, a cultura já estava em altos níveis de consolidação, depois de doze workshops presenciais com duração de dois dias cada um.

10. **Não sustentar, com ações consistentes, o lançamento da filosofia corporativa, mesmo fazendo um megaevento de lançamento.**

    O evento de cultura lança a filosofia corporativa, mas o que a sustenta é a palavra e o exemplo da liderança no dia a dia.

2. Sonhar grande

A expressão *"what is in it for me?" (o que tem aí para mim?)* representa a importância de alinhar as duas expectativas: a dos controladores e a dos executivos. Tanto uns como os outros desempenham papéis importantíssimos para elevar empresas de média performance para alta. As expectativas dos controladores são importantes e precisam ser atendidas porque o risco do investimento é deles. Legalmente, são os mais comprometidos. Mas as expectativas dos executivos também são fundamentais porque são eles que vão ter que bater as metas, garantir o retorno do investimento, fazendo com que as coisas aconteçam no dia a dia. Suas expectativas também precisam ser atendidas. Claro que há outras expectativas importantes, como as dos clientes, do governo, dos fornecedores e da sociedade, mas suas prioridades são secundárias para buscar a alta performance.

O sonho deve deixar clara a contrapartida. Controladores e executivos devem ganhar com o sucesso da empresa. Se esta ganha em forma de resultados cada vez melhores, os executivos devem ganhar em forma de bonificação e opções de ações da empresa, além de crescimento na carreira.

Maiores erros:

1. **Não oferecer opções de ações ou de participação acionária. Assim, a empresa corre o risco de perder talentos com o *turnover* da alta gestão.**
   A não ser nas cidades do interior dos estados, onde o *turnover* de executivos é menor. Acho pouco provável que nas três principais capitais corporativas do país as empresas consigam reter executivos do segundo escalão durante muito tempo somente à base de bônus.

2. **Sonho muito distante da realidade (como dobrar o faturamento em um ano, por exemplo).**
   Qualquer sonho precisa ser muito bem vendido aos executivos, com bons argumentos.

3. **Sonho ousado *versus* contrapartida tímida.**
   Esse erro pode ser facilmente interpretado pelo corpo executivo como ganância dos controladores e provocar desengajamento.

4. **Oferecer participação acionária sem desenvolver o executivo, não o instruindo a como ser um sócio.**
   Nas empresas que mais performaram há uma agenda anual para o desenvolvimento contínuo dos sócios.

3. Programa de metas

Tanto metas operacionais quanto metas de suporte (*back office*) são essenciais por desempenharem papéis de tradução do sonho em ação. Precisam ser mensuráveis, obteníveis e ter importância para a organização. Sobretudo, precisam fazer sentido para quem vai buscar atingi-las.

Maiores erros:

1. **Metas desconectadas do sonho.**

   A meta não provoca engajamento emocional.

2. **Metas sem espaço para negociação, inflexíveis.**

   A reunião de meta tem que ser de mão dupla. É preciso haver espaço para negociação. Quando há negociação, o comprometimento é legítimo. Quando a meta é imposta, abre-se espaço para iniciar um jogo em que, de um lado, o executivo finge que vai bater a meta e, de outro, o gestor finge que vai cobrar.

3. **Comunicação fraca para os níveis operacionais.**

   Em um workshop de planejamento estratégico, o presidente de uma empresa reuniu seus diretores (cerca de doze) em um hotel cinco estrelas no Guarujá. Ficaram lá por dois dias, discutindo uma meta muito ousada, com direito a show contratado para entreter os executivos e suas esposas. Foram dezesseis horas de trabalho para discutir aumento de produção para o próximo ano, que implicaria em contratação de um terceiro turno – o que envolveria uma boa negociação com o sindicato. O presidente já havia se comprometido com o *board*. Depois desses dois dias, todos saíram de lá alinhados, motivados e empenhados em atingir a supermeta.

De volta à empresa, cada diretor convocou seus gerentes para uma reunião de uma hora e meia, sem tempo suficiente para entrar nos detalhes dos porquês daquela meta tão alta e sem espaço para muitas perguntas. Os gerentes chamaram os supervisores no mesmo dia e comunicaram os novos desafios em uma conversa de meia hora, sem direito a perguntas e com o recado de que era uma ordem direta do presidente. Os supervisores foram até a operação, reuniram os funcionários ali mesmo, com o barulho das máquinas no fundo, e, em cinco minutos, comunicaram a meta.

Quem me contou todo esse desdobramento foi o RH, que ficou em pânico ao perceber que todos os detalhes de comunicação combinados no primeiro encontro haviam sido deixados de lado.

Você acha que eles atingiram a meta?

1. **Meta apresentada muito tempo depois de ter se iniciado o ano fiscal da empresa. Por exemplo: o ano fiscal inicia-se em janeiro e a meta é apresentada em maio.**
   A mensagem embutida nessa atitude é a de que atingir a meta não é importante. Se fosse, teria recebido tratamento mais sério.

2. **A cada ano a meta é comunicada em uma época diferente, em ocasião diferente, de forma diferente.**

   Às vezes, a meta anual é apresentada na convenção *off site*, às vezes em uma reunião *on site* (os termos serão explicados adiante); num ano através de e-mail, no seguinte, em uma convenção. Meta deve estar associada a padrão, organização e, sobretudo, a vender uma ideia de que ela faz parte do processo da empresa.

4. Formação de líderes

A importância de formar líderes é uma das premissas mais antigas da administração. É o sétimo princípio do modelo de qualidade instituído por Deming[1] no Japão pós-guerra e publicado em 1982 no seu livro *Saia da crise.*

As empresas de alta performance com culturas consolidadas investem uma enorme quantidade de dinheiro, energia e tempo formando seus próprios líderes e raramente pegam executivos de fora do mercado, principalmente para os níveis mais altos. Os programas de formação de líderes dessas organizações são intensos, levados a sério, com carga horária de 150 a 180 horas, carga horária semelhante a de cursos de MBA.

Ações *on site* e *off site* fazem parte do programa de formação de líderes:

1 William Edwards Deming (1900-1993) foi um estatístico, professor universitário, autor, palestrante e consultor de administração.

On site – treinamentos internos seguindo trilhas de desenvolvimento que fazem parte da academia de líderes.

Off site – fórum de líderes anual, parcerias com universidades nacionais para formação em MBA e internacionais para programas de educação continuada.

O conceito é formar um estoque de líderes, tendo sempre duas ou três opções de sucessão imediata.

Maiores erros:

1. **Investir seis meses ou mais no processo de contratação de um executivo de alto escalão, treiná-lo em três dias e considerá-lo pronto.**

   Por melhor que seja o executivo contratado, para falar o idioma da empresa ele precisa ser preparado.

2. **Contratar um diretor e delegar o coaching à gerência de desenvolvimento.**

   Um diretor deve receber coaching do vice-presidente e do presidente, não de um executivo em um nível abaixo do dele.

3. **Colocar um grupo de diretores para ser treinados em uma sala, sem a presença de um vice-presidente e sem uma comunicação oficial do presidente da empresa explicando o porquê desse programa e sua relevância para as metas, pedindo para a gerência de RH fazer a abertura do evento.**

   Adultos são crianças em corpos grandes. Sem uma autoridade presente, fica difícil dar seriedade ao processo de aprendizado. Diretores são muito indisciplinados em sala de aula; acham que não precisam aprender mais nada, são muito ocupados, estão cheios de coisas para fazer. Abrem seus laptops no meio do evento e começam a despachar pendências, desengajando-se do processo de aprender.

5. Avaliação 360°

A avaliação 360° é um processo em que o executivo, além de ser avaliado pelo seu gestor, é avaliado também por um ou mais pares. Sua implantação é complexa, traz incômodo para alguns avaliados e avaliadores, mas seus benefícios são enormes. Ela força o executivo a medir suas palavras e principalmente suas atitudes no dia a dia e amplia a transparência na organização.

Maior erro que já percebi:

1. **Expor um executivo a ser avaliado por um colega com quem não tem nenhum contato.**

6. MERITOCRACIA

É a contrapartida da empresa em relação ao esforço do executivo em buscar atingir algo a mais. Se a missão do líder é bater metas, é função da empresa reconhecer quando as metas são batidas.

Maiores erros:

1. **Comunicar aos executivos que não vão receber seus bônus nas vésperas da data em que deveriam ser pagos.**
   Uma surpresa negativa desmoraliza o discurso meritocrático e põe em risco os demais programas atrelados ao sistema de meritocracia.
2. **Excesso de rigidez e alto nível de exigência nos primeiros anos de implantação, para avaliar se os executivos são merecedores ou não, sem permitir nenhum arredondamento dos números.**
   Ajustes pontuais fazem parte do processo. Devem ser tratados como exceção. É preciso ficar atento para não permitir que a exceção vire regra.

7. CICLO DE GENTE

É a mais importante de todas as ferramentas para a implantação da cultura. O ciclo de gente é composto pela avaliação 360° e também pela reunião de gente, que é um encontro de longa duração no qual um executivo presta contas e defende, perante seus pares e superiores, os motivos pelos quais avaliou e classificou cada um dos membros do seu time. Esse processo é anual. Dificilmente apresenta resultados no primeiro ano, e são necessárias duas ou três rodadas para o sistema amadurecer e se tornar consistente. Mas, uma vez ultrapassada essa fase, a empresa, em geral, dá um salto enorme em termos de transparência e os resultados são fantásticos.

Maiores erros:

1. **Alterar várias vezes o cronograma do Ciclo de Gente.**

   Todas as ferramentas políticas devem estar interligadas, fazendo parte de um sistema único. A desorganização de um provoca o descrédito em cadeia dos outros e dá razão aos executivos mais resistentes a não se engajarem.

2. **Executivo do segundo nível ir para a Reunião de Gente despreparado.**
   O Ciclo de Gente só funciona com o envolvimento direto da presidência e da alta gestão.

8. Atração de gente

Fico impressionado com o esforço que as empresas de alta performance fazem para atrair gente excelente. Essas estratégias de alta performance apoiam-se principalmente em três iniciativas:

- **Programas de estágio** – muito bem estruturados e que remuneram acima do mercado.
- **Programas de *trainee*** – de até 24 meses, dos quais o *trainee* sai como gestor; programas de dezoito meses, do qual o *trainee* sai como analista pleno.
- ***Summer jobs*** – captação de universitários selecionados para trabalhar na empresa no período de férias. São treinados com cursos em sala, visitam as instalações da empresa, têm contato com o alto escalão e apresentam projetos de melhorias. Esse programa é aberto para alunos de universidades no exterior, captando tanto estudantes estrangeiros como brasileiros que estudam fora.

Maiores erros:

1. **O *trainee* chega em um setor da empresa e não há ninguém para treiná-lo.**
   Conheço uma empresa de alimentos no interior do estado de São Paulo que, em 2009, decidiu que deveria ter *trainees*. Fez um grande processo seletivo e contratou 32 jovens para um programa de dezoito meses. Depois de um ano e cinco meses e um investimento de 730 mil dólares, faltando apenas três meses para terminar o programa, havia apenas um *trainee*. Os outros 31 haviam pedido demissão ao longo do projeto.

Tive a oportunidade de entrevistar essa *trainee* remanescente e, quando perguntei por que seus colegas haviam desistido, ela respondeu: "Ah, João, aqui não tem ninguém interessado em nos treinar. Muitas vezes cheguei em uma distribuidora e o gestor me dizia para aguardar um pouco que ele já vinha conversar comigo. E eu ficava lá, horas em uma sala, esperando ele voltar. Em uma das distribuidoras, cheguei a ficar quatro dias sozinha, cuidando das minhas coisas particulares".

2. **O *trainee* é enviado ao exterior para trabalhar por um período de três meses na matriz e passa fome.**

   Duas *trainees* brasileiras foram enviadas para a Europa. Foram bem recebidas no aeroporto e alojadas em um *flat* a uma quadra do escritório central. No dia seguinte, foram para o trabalho e deu tudo certo, havia pessoas aguardando e elas foram bem treinadas. Faltou só um detalhe: não havia vale-de-alimentação. Nos primeiros dias, elas mesmas pagaram suas refeições. Então avisaram ao RH que disse: "Não se preocupem, tudo será resolvido!"

   Passaram-se três semanas e nada. Elas ficaram sem dinheiro e foram mais uma vez falar com a RH, que repetiu que tudo seria resolvido. As colegas da área em que estavam treinando notaram que elas não saíam mais para comer e perguntaram a razão. Descobriram que as brasileiras não tinham dinheiro. Foram todas mais uma vez ao RH, que mais uma vez repetiu que tudo seria resolvido. Mas não foi.

   As colegas de trabalho começaram a fazer vaquinha para doar dinheiro para as brasileiras terem o que comer. Procurada pela quarta vez, o RH mais uma vez respondeu: "Não se preocupem, tudo será resolvido!"

   Só quarenta dias depois da chegada das *trainees* é que a CFO ficou sabendo do problema. Entrou no sistema, deu entrada no Central de Custos e só então tudo foi resolvido.

   O problema era simples: essas despesas não haviam sido cadastradas no Centro de Custos.

9. Xadrez de gente

Apontar sucessores não é uma ação espontânea de um executivo, muito menos encontrar tempo na agenda para investir no desenvolvimento desse potencial sucessor. Xadrez de gente é um processo de identificar e desenvolver potenciais sucessores, funciona como uma matriz que espelha o organograma. Para cada posição executiva identificada como uma caixa no organograma, estão circulados de um a dois potenciais sucessores (algumas empresas chegam a trabalhar com até três potenciais sucessores). O executivo pré-seleciona os possíveis candidatos em conjunto com a área de gente, que, por sua vez, irá levar esses nomes ao diretor da área, que acaba dando a palavra final de quem será o primeiro na linha de sucessão. Chama-se xadrez de gente porque essa movimentação dos nomes é constante, considerando a necessidade da empresa e a mobilidade dos sucessores. Os benefícios para a empresa e para o executivo são enormes.

A. Benefícios para empresa

- Ter sempre um ou dois nomes potenciais já identificados e preparados na linha de sucessão do executivo;
- Mesmo que a empresa seja pega de surpresa com um pedido de desligamento espontâneo de um executivo, a saída não deixa lacuna funcional, fazendo com quc o *turnovcr* tenha o efeito de uma "marolinha" em vez de um tsunami...
- Agilidade para movimentar suas peças de acordo com as metas já alinhadas;
- Liberdade para desligar a qualquer momento os executivos que demonstram desvios de conduta ou posturas incoerentes com a cultura da empresa.

B. Benefícios para o executivo

- Obriga-o a definitivamente investir tempo com pessoas, pois ele precisa abrir espaço na agenda para avaliar e desenvolver os sucessores;
- Para abrir espaço na agenda, ele precisará desenvolver sua habilidade de delegação e de confiança no time;
- O fato de ele saber que a empresa tem sucessores com potencial para substituí-lo estimula-o a não ficar parado, a estar sempre atualizado e preparado para o mercado, mantendo ativa sua empregabilidade.

Maior erro:

1. **Analista pleno que está no processo de sucessão "sobe no salto", fica arrogante com os colegas e com a área de gente.**

   Faltou mentoring ao jovem analista para fazê-lo realizar que o fato de estar no programa não significa que está promovido, e sim apenas treinando para um dia, *talvez,* suceder. A arrogância pode impedir que isso se concretize.

10. GESTÃO POR CONSEQUÊNCIA

Não há como construir um ambiente de confiança, no qual as pessoas estão dispostas a se dedicar e ao qual se entregam de corpo e alma, sem que haja consequências por desvios de conduta ou por entrega baixíssima de resultados.

Quando um erro é identificado, a gestão de correção deve ser imediata. Quanto mais tempo passar, maior o dano para a moral da liderança.

Maior acerto que já constatei:

O personagem é um diretor comercial com uma carreira de mais de quinze anos de empresa, responsável pela unidade da segunda melhor região do país e com histórico de performance excelente. A área de *compliance* (auditoria) encontrou distorções de pagamento da sua unidade, indicando um possível desvio. O vice-presidente chamou esse diretor para uma reunião e perguntou a ele se era verdade o que a *compliance* havia identificado. O diretor respondeu negativamente. O vice-presidente agradeceu pelo período em que ele havia se dedicado à empresa e o demitiu. A conversa toda não durou mais que vinte minutos. Em seguida, o vice-presidente agendou um *call* com os diretores das demais áreas e comunicou a todos o desligamento do colega. No dia seguinte ao desligamento, a operação já estava sob o comando do executivo que era o primeiro na linha de sucessão. A operação não foi abalada em nada.

O que ocorreu nessa empresa é raro, desligar um diretor que performa muito bem "só por causa" de um pequeno valor que foi desviado. Na grande maioria dos casos, esse processo iria se arrastar por meses ou até acabar em pizza e esse diretor com desvio de conduta iria permanecer lá. O mais interessante foi perceber a emoção nos olhos de quem me relatou esse caso e acabou concluindo assim: "Apesar de gostar muito dele (se referindo ao colega diretor que fora demitido), eu entendi o motivo da sua saída, dei muito mais importância para a cultura corporativa e aumentou muito a minha admiração por essa empresa".

A atitude dessa empresa foi diferente devido à somatória de ferramentas que ela utiliza, como cultura forte consolidada, xadrez de gente e política de gestão por consequência.

Capítulo 10:

Mande a Desculpability para a concorrência

Reexamine tudo o que lhe foi dito,
descarte o que insulta a sua alma.

Walt Whitman [2]

---

2 Poeta americano (1819-1892).

Desculpability e alta performance não combinam

Você não é obrigado a posicionar sua empresa em ritmo de alta performance. Caso você atue em um segmento no qual é o único *player*, talvez nem precise se preocupar com isso – por algum tempo.

Mas, se você deseja aumentar a competitividade da sua empresa, tornado-a cada vez mais veloz em um segmento no qual existe concorrência, tenha certeza de uma coisa: a Desculpability vai ser sua maior barreira. Enquanto existir o hábito de dar desculpas, não haverá aumento de responsabilidade. Ainda que as desculpas sejam eventuais. É como ter um dente cariado: mesmo que os outros 31 dentes sejam saudáveis, um único dente estragado é suficiente para que surja o mau hálito a cada vez que a pessoa abre a boca. Uma desculpa, de vez em quando, é o suficiente para contaminar todo um time.

Movimentar-se contra a Desculpability é a premissa para atingir alta performance.

A busca da alta performance não se restringe a uma única ação pontual. Trata-se de um processo perene e consciente, que envolve vigilância constante para reduzir ao máximo os efeitos negativos da Desculpability na organização, através da vivência e do aprimoramento diário da Accountability Pessoal.

A necessidade de bloquear a Desculpability surge da aceitação de que ela é inata e é um *firmware* que roda no nosso sistema operacional, que não temos como remover nem desligar, mas podemos neutralizar. Para isso, precisamos de Accountability Pessoal que provoca vigilância constante através do estado de alerta, o 5° componente de Accountability Pessoal. Estar alerta é extremamente eficaz e benéfico. Além de nos colocar como donos do processo, controladores das nossas ações, nos permitindo ter consciência dos nossos pensamentos, comportamentos e atitudes.

Se houvesse pílulas antiDesculpability que pudessem ser ingeridas na alimentação ou mesmo um gás antiDesculpability para ser difundido através do ar-condicionado, seria bem mais fácil conduzir esse processo. Infelizmente, não há. A única maneira é por meio da liderança.

OS TRÊS PAPÉIS DA LIDERANÇA

O processo para minimizar os efeitos da Desculpability em uma empresa é construído com base em dois princípios.

O primeiro é que o líder tem de ter uma missão. Se não houver missão, não há nada que justifique remunerar essa posição. Talvez tenha havido um tempo em que um líder podia estar presente apenas para responder perguntas, como um guru, um sábio detentor das respostas. Isso acabou, porque hoje há informações disponíveis sobre qualquer coisa, em qualquer lugar.

E qual é, então, a missão do líder? Como já dissemos, "a missão do líder é bater meta com o seu time, fazendo o que é certo".

Se você é um líder e por acaso está sem metas, você tem um problema grave a ser resolvido. Talvez fosse o caso de contatar seu gestor e entrevistá-lo sobre as expectativas com relação ao seu trabalho. Tenho certeza de que você sairá dessa conversa com um bom alinhamento.

Voltando à missão do líder.

A missão do líder:

- Bater meta: atingir níveis competitivos de alta performance.
- Com seu time: todos devem vigiar a Desculpability e deixá-la silenciada.
- Fazendo o que é certo: através da Accountability Pessoal.

O segundo princípio é que essa missão deverá ser atingida através da liderança nas suas três dimensões, que são:

1. Liderar a si mesmo;
2. Liderar o time;
3. Liderar mudanças.

A sequência é exatamente essa.

Primeiro, o líder se engaja em sua própria missão; depois, traz o time junto com ele, e, em seguida, junto com seu time, provoca as mudanças na organização.

1. **Liderar a si mesmo** – é o processo de autoinfluência e está relacionado a:
    - Exigir mais de si mesmo;
    - Sair da zona de conforto;
    - Vigiar sua própria Desculpability;
    - Policiar sua comunicação verbal e escrita (inclusive bilhetes e e-mails!) para não permitir que a Desculpability se manifeste por meio de pequenas atitudes;
    - Diminuir a autocomplacência e a tolerância para consigo mesmo;
    - Aceitar que você é quem tem de tomar a iniciativa de fazer alguma coisa;
    - Compreender que a razão de líderes não fazerem essas perguntas a si mesmos em relação ao seu time é receio do desconforto que trará a elaboração das respostas, mas esse desconforto pode ser a intuição do líder tentado achar um caminho para ajudar a tomar uma decisão.
2. **Liderar o time** – é o processo constante de influenciar as pessoas para que elas façam o que é certo. Levá-las a fazer bem-feito e de boa vontade aquilo que é preciso fazer e que, sem a sua liderança, elas não fariam. Isto significa:
    - Tirar as pessoas da zona de conforto;
    - Exigir mais do seu time;
    - Entender que nem toda pessoa deseja genuinamente mudar, e mesmo quem deseja talvez não esteja disposto a mudar na velocidade de que você precisa;
    - Fazer as perguntas difíceis que muitos líderes evitam fazer:
        - "Com qual time vou jogar esse jogo?"
        - "Até quando vou dar chance?"
        - "Que contribuição vou trazer para minha empresa sendo complacente?"
        - "Qual legado de gestão eu vou deixar?"
    - Policiar a Desculpability instalada nos seus colaboradores e levá-los a fazer o mesmo;
    - Fazer com que se façam perguntas difíceis, que colaboradores evitam fazer:

- "É nessa empresa que quero trabalhar?"
- "É esse líder que quero seguir?"
- "O que eu posso perder se eu me engajar nesse movimento de Accountability Pessoal?"
- "O que posso ganhar?"

3. **Liderar mudanças** – é conduzir seu time para atravessar momentos de mudança e está relacionado a:
    - Aceitar que há urgência de sua empresa para obter alta performance;
    - Compreender que sem retorno de capital aos acionistas ou controladores não há negócio que sobreviva;
    - Ajudá-los a visualizar os benefícios e a beleza que a Accountability Pessoal traz para a vida profissional e pessoal;
    - Apontar a direção da alta performance e mostrar que é perfeitamente possível atingi-la;
    - Encorajá-los a enfrentar as mudanças.

CÓPIAS IDÊNTICAS DO LÍDER

O movimento de um líder em busca da alta performance deve ser iniciado pelo desenvolvimento do seu segundo escalão. Quer seja ele presidente, vice-presidente, diretor, gerente ou coordenador, sempre haverá pessoas diretamente abaixo e é esse grupo que deve ser o foco principal das suas atenções.

Uma vez tendo dominado o conceito de Accountability Pessoal, e já vivenciando esse conceito, o líder precisa passar a fabricar cópias de si. Seu time deverá ser formado por pessoas que pensam e agem exatamente com o seu líder agiria. Quanto maior for a identidade entre o líder e a linha imediatamente abaixo dele, melhor será a "cola" que os une. E quanto melhor esta for, mais fortes serão o engajamento, o alinhamento e a compreensão da missão, ou seja, das metas a serem executadas.

O papel das cópias é o de dar continuidade e sustentação à comunicação do líder, tornando mais fácil o desdobramento da influência, sem distorções de comunicação e, principalmente, sem desvios de conduta.

O gestor não consegue estar presente em todas as reuniões e muito menos acessar todos os sites da empresa. Mas se o escalão logo abaixo do líder conseguir, e se os integrantes desse escalão também criarem cópias idênticas de si mesmos, o processo de liderança está garantido.

Um dos maiores grupos do mundo no setor de automóveis está em processo litigioso com o ex-CEO da região da Austrália, que ocupou esse cargo de 2010 a 2013. Logo após a sua saída, a auditoria interna identificou um desvio de caixa de mais de 30 milhões de dólares. Confirmadas as irregularidades, a área jurídica iniciou uma ação contra esse executivo, na tentativa de demonstrar gestão por consequência e recuperar parte do dinheiro desviado. O ex-CEO, por sua vez, entrou com uma ação de defesa argumentando que havia recebido uma missão de expansão da rede de concessionários na região, cuja instrução dizia "para ele fazer o que tiver que ser feito desde que a rede seja expandida". Segundo o ex-CEO, foi o que ele fez.

Esse é um exemplo claro de que, apesar da competência técnica desse líder para cumprir a meta, a interpretação que ele deu a "fazer o que deve ser feito" era diferente da interpretação dada pelo seu superior. Ou seja: ele não era cópia exata do seu superior em termos de *como deve ser feito*. Seus métodos de ação se mostraram bem diferentes dos métodos que os controladores esperavam que ele usasse.

Como você, líder, pode produzir cópias de si mesmo

A. **Faça uma lista de quais das suas convicções pessoais são imprescindíveis para obter absoluto alinhamento:**

- Valores familiares;
- Estilo de vida;
- Identificação com esportes;
- Forma de usar o dinheiro;
- Valores corporativos;
- Accountability Pessoal;
- E outros.

B. **Gaste tempo em companhia do seu time:**

- Empresas familiares profissionais têm uma "cola" de alto nível entre seus membros. Alguns analistas que não tiveram oportunidade de estudar profundamente *family business* atribuem esse fenômeno ao fato de serem parentes. Mas, se fosse assim, toda família seria unida – o que não é verdade. Na realidade, essas empresas familiares profissionalizadas são unidas porque todos gastam muito tempo juntos. Além de almoçar juntos todos os dias, passam férias juntos. Geralmente, há uma agenda de encontros promovidos pelo *family office*, além da assembleia familiar que geralmente é anual.

C. **Convide seus colaboradores para conversas informais e observe-os:**

- Frequentemente, as pessoas se autopoliciam dentro do ambiente corporativo, mas tendem a se soltar mais fora do ambiente de trabalho, mesmo que seja em uma conversa com seu superior imediato.

D. **Ofereça *feedback* genuíno:**

- É impossível mudar crenças pessoais sem *feedback*;
- Mesmo que você não se ache bom em dar *feedback*, faça-o. Com o treino, nós nos tornamos melhores.

E. **Faça coaching:**

- Entre outras técnicas de coaching, peça que seus colaboradores também façam listas como as que você fez (item A). Faça perguntas sobre como eles agem para praticar suas crenças;
- Crie um clima no qual seja possível surgirem respostas "erradas" sem que haja qualquer censura por isso;
- Permita diálogo com respostas não muito corretas;
- Não critique, mas ofereça seu ponto de vista.

F. **Observe como seus colaboradores reagem às suas orientações:**

- Leve em conta a gratidão. Apesar de isso não ser uma regra infalível, a ingratidão geralmente é sinal de Desculpability no modo ativo;
- Fique sintonizado para os sinais de formação, mesmo que lentamente, do alinhamento entre você e seu time;

- Reconheça, agradeça e comemore os esforços do seu time;
- Fique de olho naqueles que provocam em você uma sensação de desconforto. Dê valor à sua intuição.

E o que fazer com aqueles que não se tornaram cópias?

Se puderem ser realocados para uma posição de menor influência, pode ser uma boa alternativa. Mas, se não há como realocá-los e se não foi possível transformá-los em cópias suas, para que você precisa deles?

Pode parecer uma pergunta fria e desumana, mas lembre-se de que estamos falando de empresa de alta performance, não de estatal com funcionários concursados.

Quem não quer mudar, quem não pretende exigir cada vez mais o melhor de si, deve trabalhar em empresas que se contentem com baixa performance.

Muitas pessoas querem ter o status de trabalhar em uma grande empresa, aceitam cargos de responsabilidade pelo status conferido por essas posições, mas internamente atuam em baixa performance. E não estão dispostas a mudar.

Líderes missionários e não mercenários

Já faz alguns anos que não se usa mais o termo *salário* para indicar remuneração de executivos, e sim *pacote*, que inclui remuneração e benefícios. O motivo é que a remuneração anual do executivo ultrapassa o padrão tradicional dos treze salários, chegando até a trinta salários/ano em alguns casos.

Além da remuneração, há os benefícios, que incluem plano de saúde, plano odontológico, seguro de vida, viagens em classe executiva para voos longos, automóvel (dependo do segmento, dois automóveis[1], um para o executivo e outro para sua esposa). E, se o executivo for expatriado, acrescente-se a tudo isso entre 30% e 40%, além de moradia, escola internacional para os filhos, passagens internacionais nos períodos de férias e os *home leave*[2]. Essa dinheirama mexe com a cabeça de alguns profissionais.

---

1 Montadoras oferecem esse benefício.

2 Trata-se de uma prática comum em muitas empresas que enviam executivos para o exterior, inclusive empresas do serviço público e entidades como a ONU, por exemplo. O *home leave* é um retorno periódico

Aqueles que têm a personalidade mais amadurecida mantêm o foco no trabalho e no pensar e agir como dono. Mas há os deslumbrados que confundem ambição com ganância. Não estão interessados em pensar e agir como donos da empresa, e sim somente em pensar e agir em seu próprio benefício. Talvez façam de tudo para bater meta, mas apenas por interesse próprio, sem nenhum interesse em tornar melhor a empresa e seu time. Nas suas agendas não há espaço para "perder tempo" agindo como missionários da cultura corporativa, mas sim apenas prioridades que os façam obter seus bônus, mesmo que para isso o retorno aos acionistas seja comprometido.

Sem missionários não há cultura de Accountability Pessoal. Sem cultura de Accountability Pessoal, a alta performance produz uma legião de mercenários "faca na caveira", desprovidos de uma orientação filosófica. Em vez de samurais, teremos apenas *ronins*[3].

Quer missionários no seu time? Ofereça um sonho, filosofia corporativa, dê metas, entregue um pacote interessante de contrapartida, reconheça seus esforços, agradeça, elogie e retenha.

O que fazer com mercenários no seu time? Tente alinhá-los aos valores da empresa. Tente trazê-los para perto de você. Tente transformá-los em cópias suas. Se obtiver sucesso, ótimo! Se não, se nada mudar, avalie seriamente a possibilidade de desligá-los, porque o risco que um líder corre de ter seu grupo contaminado por um único mau elemento é alto. Quanto mais alta a posição da pessoa desalinhada, e quanto maior for a remuneração dela, maior e pior é seu poder de influência.

Moisés e a Terra de Canaã

Desde criança, habituei-me a ouvir histórias bíblicas. Elas eram importantes na minha família. Entre todas, a que mais atraía meu interesse era a saga dos judeus em busca da Terra Prometida.

---

remunerado para o país de origem. A duração e a periodicidade do benefício variam. Pode ser, por exemplo, de uma semana ou quinze dias a cada ano, ou entre quinze dias e um mês a cada dois anos.

[3] O *ronin* é aquele que teve a mesma formação técnica que um samurai, porém perdeu seu mestre e se desviou do *bushido*, o caminho filosófico do guerreiro.

A caravana partiu do Egito, passando pelo deserto de Sinai até chegar ao destino final, Jericó, em Canaã. Não há mapas precisos da rota que Moisés seguiu, mas, como tiveram que contornar desertos e montanhas, calcula-se que a distância percorrida tenha sido algo em torno de 1 800 quilômetros (em linha reta, eram 1 100 quilômetros). De acordo com a Bíblia, Moisés levou aproximadamente quarenta anos para percorrer essa distância.

Pensando nisso hoje, não vejo como esses dados podem estar corretos. Se os judeus levaram quarenta anos para percorrer 1 800 quilômetros, andaram só 128 metros por dia. O.k., temos que pensar que a caravana de Moisés não tinha somente pessoas saudáveis, tinha homens, mulheres, crianças pequenas, idosos, pessoas doentes... Vamos supor que eles não pudessem caminhar todos os dias. Acampavam, comiam, dormiam... Mesmo assim, fica difícil aceitar esses quarenta anos.

Inquieto com esses dados, sempre que possível eu discutia o assunto com líderes religiosos. A resposta era sempre a mesma: aquele grupo de pessoas eram descendentes de judeus, mas tinham perdido as suas tradições. Tinham estado exilados no Egito por quatrocentos anos, pensavam e agiam como escravos. Adoravam estátuas de animais de ouro, não tinham mentalidade para compreender a força do livre-arbítrio, da livre escolha, a qual implica que temos que ter responsabilidade sobre as nossas decisões. Ao herdar uma terra própria, é necessário tomar decisões – quando começar a preparar o solo, o que plantar, como cultivar, que animais criar etc. Só assim para tirar dela o seu sustento. Além disso, precisavam reaprender e seguir as tradições judaicas. Moisés precisava de tempo para deixar morrer uma geração e fazer nascer uma nova com a mente aberta e pronta para aprender. Ele mesmo, segundo a Bíblia, viu de longe a Terra Prometida, mas não pisou nela[4]. Por isso teriam demorado tanto na viagem.

De volta ao nosso mundo corporativo da alta performance, posso dizer que já testemunhei muitas migrações de empresas da baixa performance para a alta performance – desde empresas nacionais, cujos donos decidiram dar uma virada, até empresas latino-americanas que foram adquiridas por empresas brasileiras.

4 "Pelo que verás a terra defronte de ti, porém não entrarás nela, na terra que dou aos filhos de Israel." Deuteronômio 32:52.

Em maio de 2012 fui à República Dominicana conduzir alguns workshops para um cliente nacional que havia acabado de comprar uma empresa local, que por sinal era até então a líder do mercado. Voltei em dezembro do mesmo ano, sete meses depois, e encontrei uma empresa transformada, não havia mais diferenças culturais, e com o EBTDA[5] multiplicado por quatro.

Em todas essas migrações de cultura, jamais vi um caso sem algumas demissões. Não estou dizendo que não possa existir. Afirmo apenas que nunca vi. Colegas consultores com quem falei sobre isso também nunca viram.

Não estou fazendo apologia à demissão em massa. Tampouco estou incentivando os líderes que me leem a sair por aí cortando pessoas do seu time.

Se você percebe que todo o seu time está disposto a incorporar a Accountability Pessoal, para juntos irem em direção à alta performance, ótimo. Não demita ninguém. Pelo contrário, faça todo o esforço para reter esses talentos.

Mas sei que, na realidade, nem todos estão dispostos a mudar. E a pior coisa para uma empresa é um líder que tem pena de fazer desligamentos.

Quem está em posição estratégica em uma empresa que lhe deu autonomia para decidir, tem de estar à altura dessa confiança. Ninguém disse que liderar é fácil. Saber reter talentos e saber demitir faz parte do leque de qualidades que levaram a empresa a confiar em você.

---

5 *Earnings Before Tax, Interest, Depreciation e Amortization* (Lucros antes de juros, impostos, depreciação e amortização).

Capítulo 11:

Por onde começar? Comece com otimismo!

> Eu me tornei a minha própria versão de uma otimista. Se não consigo ir por uma porta, irei por uma outra ou vou criar uma porta. Alguma coisa maravilhosa vai acontecer no futuro, não importa o quão escuro seja o presente.
>
> Joan Rivers[6]

---

[6] Joan Rivers era americana, comediante, escritora, produtora e atriz. Foi a primeira mulher a conduzir um programa de entrevista nos EUA.

A melhor metáfora que encontrei até o momento para explorar a riqueza desses dois conceitos, a Accountability Pessoal e a Desculpability, foi apresentá-los como programas de computador. A Desculpability é um *firmware* que vem de fábrica já instalado, nascemos com ele. A Accountability Pessoal é um aplicativo, não vem na versão "de fábrica", deve ser baixado e instalado na mente do indivíduo por força das circunstâncias ou por livre-arbítrio, no sentido de que somos livres para escolher o nosso destino e responsáveis pelos resultados das nossas decisões.

Um *firmware* é o conjunto de instruções operacionais armazenado permanentemente no *hardware* de um equipamento eletrônico, durante sua fabricação. Não pode ser removido nem desligado. Roda silenciosamente, o usuário não percebe sua ação. Exatamente como a Desculpability, que é nosso modelo mental inconsciente e também atua de forma silenciosa: muitas vezes, o usuário nem percebe que está elaborando desculpas.

Como vimos no início deste livro, a principal função da Desculpability Individual é nos proteger, gerando justificativas e encontrando culpados para nossos erros. Já a Desculpability na Sociedade, seu objetivo é ir além de culpar, precisa punir.

A solução para minimizar os efeitos desse programa nocivo é baixar e instalar um aplicativo chamado Accountability Pessoal, que é armazenado no nosso modelo mental consciente, nosso *hardware*.

Sua principal função é a de alertar toda vez que alguma ação da Desculpability for detectada em nossa volta, tornando-a facilmente identificável e assim facilitando nosso autopoliciamento e desenvolvimento.

Para começar, você precisa seguir os seguintes passos:

1. Baixe o programa

Baixar o programa da Accountability Pessoal significa que você reconheceu que a Desculpability está instalada na sua mente.

Essa humildade em admitir que você não nasceu perfeito e não é moralmente virtuoso "de nascença" é uma condição básica para a sua evolução.

Além de admitir o problema, *baixar o programa* envolve entender que, se você não fizer nada a respeito disso, a Desculpability vai se atualizar automaticamente todos os dias, mimetizando os maus exemplos próximos a você, que estão (quer você queira, quer não...) na sua família, na sua empresa ou no seu país. Com o tempo, ela se torna mais forte, estando cada vez mais presente no seu modelo mental inconsciente, alterando a forma como você percebe o mundo à sua volta e reage a ele.

Baixe já o "app", e comece desde agora a pensar e agir sob a ótica da Accountability Pessoal.

2. Instale

A instalação precisa de dois passos.

O primeiro é você perceber que pode evoluir, tornar-se um ser humano melhor.

O segundo é acessar o conteúdo do programa de Accountability Pessoal.

Como?

A leitura deste livro pode ter sido o suficiente para uns, mas não para outros. Não há como saber quão impregnada em sua mente a Desculpability já está, e nem há como avaliar o ambiente em que você vive. Às vezes são tantos exemplos negativos em sua volta que você está anestesiado e nem percebe... Sugiro grifar alguns trechos deste livro – aqueles que você achou que se aplicam ao seu caso – e relê-los de vez em quando. Talvez você precise buscar mais conteúdo em outras fontes: filmes, contos, romances, letras de música e conversas inspiradoras com pessoas que possam manter a sua mente nutrida.

Ao instalar o programa, você vai ter cada vez mais acesso aos conteúdos da Accountability.

3. Aprenda a usar

Como qualquer programa ou app, a Accountability Pessoal precisa de um pouco de prática antes de seu uso se tornar intuitivo. A instalação não vai mudar a configuração da sua tela, não vai alterar as cores nem aumentar a resolução. Sua Área de Trabalho vai continuar com a mesma aparência. Mas, toda vez que a Desculpability for ativada, um ícone vai piscar no canto da tela do seu cérebro, um alerta de que algo de imaturo está prestes a acontecer.

Esse simples recurso vai levar você a enxergar aquilo que antes não via. Vai ajudá-lo a policiar sua comunicação e perceber quando a Desculpability é acionada, prestes a se manifestar em você ou em outra pessoa.

Isso pode acontecer de várias formas, como por meio de:

- Um e-mail culpando outra pessoa;
- Uma notícia nos jornais ou na TV;
- Uma reunião em que o foco está mais em apontar culpados do que em encontrar soluções;
- Uma vontade danada de ficar se explicando ou se desculpando;
- Uma frase de justificativa pronta para sair da sua boca;
- Uma desculpa dada por um colega;
- Uma vontade de responder a um e-mail ou a uma mensagem de WhatsApp criticando outra pessoa ou se defendendo.

Aprender a usar a Accountability Pessoal, como muitos aplicativos, leva um tempo.

4. Deixe o programa sempre aberto

A Accountability Pessoal, como aplicativo, não se ativa automaticamente quando você acorda e liga o seu sistema operacional. Tem de ser reiniciada todos os dias. Você precisa se lembrar de querer fazer o bem, de compreender primeiro para depois ser compreendido, de pegar para si a responsabilidade – isso significa deixar o programa aberto em sua mente. Sem isso, ele pode até estar instalado, mas não entra em operação, não funciona. É nesse momento que a Desculpability aproveita a oportunidade e volta a agir, talvez de forma mais nociva do que antes.

Deixar o programa aberto significa olhar para o mundo sob a ótica da Accountability Pessoal. Talvez em um primeiro momento você somente veja o erro dos outros, e não em você mesmo. Com o tempo e algum treino, você vai passar a se ver melhor, e se policiar vai se tornar cada vez mais fácil.

5. Atualize o seu aplicativo

O usuário que não se interessa em atualizar seus aplicativos perde benefícios trazidos com a evolução da ferramenta. Do mesmo modo, atualizar a Accountability Pessoal é fundamental para a evolução contínua, só assim você conseguirá modificar os seus hábitos. Atualizar significa realizar dois movimentos, um de *aproximar* e outro de *afastar*. O de *aproximar* é o movimento para chegar mais perto de gente excelente, de pessoas com histórias de vida que possam servir como inspiração, as quais você pode ter contato ao ler livros ou revistas, ao assistir reportagens, documentários ou filmes e ao ouvir genuinamente relatos pessoais. A humanidade nunca ficou órfã de bons exemplos, sempre houve pessoas a quem se espelhar do ponto de vista ético e moral.

O *afastar* é oposto, é o movimento de se distanciar progressivamente de pessoas e ambientes que, além de não serem inspiradores, estão carregadas de Desculpability. Às vezes, até a opção de lazer preferida deve ser questionada, como a de assistir *Big Brother*, por exemplo, que apesar de parecer ser um passatempo, não irá contribuir para o seu desenvolvimento ético e moral.

6. MIGRE PARA VERSÕES MAIS AVANÇADAS

Ao fazer o upgrade para uma versão avançada de Accountability Pessoal, você vai encontrar novas funções, que podem ser aplicadas em todas as situações do seu dia.

- **Em casa**

  Passar a colaborar mais com as pessoas que convivem com você. Deve haver algo que você não fazia e sabe que pode fazer, nem que seja simplesmente não deixar roupas no chão ou lavar o copo que usou. E sempre agradecer pelo que os outros fazem por você.

- **No trânsito**

  Você pode ser mais gentil, dar passagem a quem está esperando uma brecha para sair da garagem, entender o ponto de vista dos pedestres que precisam atravessar a rua, frear de forma menos brusca, lembrar-se de usar a seta – certamente você sabe quais são as situações em que precisa melhorar. Nos momentos em que você é pedestre (pois todos somos, em alguma ocasião), você pode se policiar para pelo menos não atravessar a rua olhando para o celular. Se você for mais consciente nessa relação com outros motoristas e pedestres, vai influenciar positivamente muita gente na sua cidade.

- **No convívio social**

  Cada um encontra sua maneira de agir melhor no convívio social. Certamente, há gentilezas que você já faz, como segurar a porta do elevador para um desconhecido, cumprimentar estranhos mesmo que eles não cumprimentem de volta, elogiar genuinamente as pessoas. O truque é procurar as coisas que você ainda não faz. Sempre há algo que nos torna melhores e faz com que os outros se sintam melhor.

- **Na empresa**

  Faça uma lista com o que há de bom na empresa em que você trabalha. Localização, ambiente de trabalho, pacote de remuneração etc. Inclua nessa lista o que você sente que a empresa deu a você: amizades, casamento, os bens materiais que ela o ajudou a conseguir, sua formação, os cursos que ela proporcionou – e quem sabe talvez até este livro que você está lendo. Se a lista tiver muitas coisas positivas, demonstre gratidão pensando e agindo como dono, afinal, donos são gratos pelo que recebem. Se você perceber que essa lista é muito curta, que a empresa forneceu poucas coisas positivas, procure outro lugar para trabalhar: ter prazer no trabalho é um direito seu. Mas, enquanto não encontrar outra, continue sendo grato. Alguma razão você tem para permanecer onde está, ou já teria saído.

- **Com seu time**

  Por mais ocupado que você seja, sempre pode ter uma agenda mais voltada ao desenvolvimento de sua equipe, incluindo encorajamento sobre Accountability Pessoal e feedback de alinhamento sobre Desculpability. Já pensou em calcular quanto tempo você está dedicando ao desenvolvimento deles, por semana? A antiga regra proposta por Jack Welch, de que o gestor deveria investir de 20% a 30% da sua carga horária semanal, ainda está valendo e continua sendo mencionada por outros autores de liderança[1]. Desenvolver seu time é uma das principais atribuições de um gestor.

---

[1] Maiores informações podem ser encontradas no livro *Leadership:* research findings, practice and skills, de Andrew J. DuBrin.

Você pode passar a ser progressivamente menos complacente com a Desculpability. Ser mais exigente, trocando aos poucos as pessoas que não agregam energia positiva para uma cultura de alta performance que é baseada em Accountability Pessoal.

- **Com seu gestor**

  Você certamente já percebeu que seu chefe não é perfeito, certo? Então, que tal ajudá-lo? Chefes também precisam de elogios, feedback e conversas francas.

  Você pode convidar o seu gestor para uma conversa sobre o que poderiam fazer para eliminar de vez as desculpas na sua área. Que tal você e ele assumirem juntos um compromisso de tolerância zero para Desculpability? Iniciativas como essas vão tornar a performance da sua área ou empresa cada vez mais veloz.

- **Com seus processos**

  Não conheço seus processos. Talvez sejam ótimos. Mas garanto que mesmo os melhores processos sempre podem ser aperfeiçoados. Seu time talvez possa apontar formas de fazer melhor as coisas, pelo simples fato de eles terem um ponto de vista diferente do seu.

  Procure gargalos que estejam reduzindo a velocidade da sua operação: pessoas, etapas, um processo arcaico, a falta de um sistema ou o uso de um sistema inadequado.

- **Com suas metas**

  Sua meta é a razão de você estar empregado. Se você não é gestor, sua meta poderia ser a de ajudar o seu gestor a bater a meta dele. Afinal, em uma empresa só há dois tipos de colaboradores, os que ajudam a bater a meta e os que atrapalham a bater a meta.

  A Accountability Pessoal vai ajudá-lo a ter uma relação melhor com as suas metas, tanto no momento em que ela é apresentada, negociando com o seu gestor, quanto durante o período de trabalho, dando o máximo de si para atingi-las, e, no final do período, comemorando com o seu time.

- **Com seus resultados**

  Não conheço a sua rotina, mas aposto que em algum momento há desperdício de tempo. Talvez gasto em reuniões longas e desnecessárias, talvez sejam os excessos de Power Point nas reuniões, talvez o desperdício de tempo nos períodos de almoço, nas distrações da internet, no retrabalho porque tentou fazer duas coisas ao mesmo tempo e o detalhe de uma se perdeu, nas conversas no cafezinho ou mesmo no tempo que gasta escovando os dentes. O fato é que, assim como um atleta pode melhorar seu tempo com mais treino, você também pode melhorar seus resultados.

7. Obtenha certificação

A Accountability Pessoal funciona como qualquer programa robusto que já conquistou a confiança de um grande número de usuários e oferece níveis de desenvolvimento avançados, as chamadas certificações. Somente quem é certificado pode multiplicar o programa autorizado pelo desenvolvedor. Só que a certificação, no caso de Accountability Pessoal, não é um título, mas o sentimento de ter se tornado uma pessoa e um profissional melhor, que está em condições de ajudar outros a melhorarem também. Isso significa que você está multiplicando esse conceito, compartilhando com outros, servindo de guia e de exemplo para os que estão à sua volta.

Somos um país carente de boas lideranças. Não tivemos um Gandhi, um Martin Luther King, um Kennedy, um Nelson Mandela. Tivemos e temos grandes esportistas, tivemos e temos top models do mundo da moda, mas faz tempo que não surgem lideranças inspiradoras na política. Um esportista segurando a bandeira do nosso país no pódio é empolgante, mas não provoca a mesma emoção que teríamos com um grande brasileiro se pronunciando numa reunião das lideranças mundiais.

Tenho esperança, quase certeza, de que no futuro surgirá alguém para liderar nosso país. Alguém nas novas gerações está sendo formado dentro da Accountability Pessoal, aprendendo a domar e driblar sua Desculpability. Somos nós os responsáveis por ajudar a formar essa geração por meio de nosso exemplo. Nós: você e eu.

Fontes consultadas

Alves, Rubem. *Ostra feliz não faz pérola.* São Paulo: Editora Planeta do Brasil, 2008.

Burke, Kenneth. *Permanence and change:* an anatomy of purpose. New York: New Republic, Inc., 1935.

Dicionário eletrônico Instituto Antônio Houaiss. Disponível em: <http://houaiss.uol.com.br/>. Acesso em: 04 set. 2015.

Folha de São Paulo. *Brasil ocupa o 6º lugar em ranking de engajamento com o trabalho.* Disponível em: < http://classificados.folha.uol.com.br/empregos/2013/10/1356350-brasil-ocupa-o-6-lugar-em-ranking-de-engajamento-com-o-trabalho.shtml>. Acesso em: 04 set. 2015.

Giannetti, Eduardo. *O livro das citações.* São Paulo: Companhia das Letras, 2008.

Gonçalves, Vânia Helena Lopes. *O complexo universo da identidade humana.* Centro de Comunicação e Letras. Universidade Presbiteriana Mackenzie. Disponível em: <http://www.mackenzie.br/fileadmin/Graduacao/CCL/projeto_todasasletras/inicie/VaniaGoncalves.pdf>. Acesso em: 29 mai. 2015.

Houaiss, Antônio; Villar, Mauro de Salles. *Minidicionário Houaiss da língua portuguesa.* Instituto Antônio Houaiss de Lexicografia e Banco de Dados da Língua Portuguesa S/C Ltda. 3. ed. rev. e aum. Rio de Janeiro: Objetiva, 2008.

Lopes, Teresa Rita. *Pessoa por conhecer:* textos para um novo mapa. Lisboa: Estampa, 1990.

Martins, José de Souza. *Linchamentos:* a justiça popular no Brasil. São Paulo: Contexto, 2015.

Moura, George; Araújo, Flávio; Barros, Marcelo Aquino de; Aquino, Wilson. *Crimes que abalaram o Brasil.* Editora Globo, 2007.

Revista Superinteressante. *O Brasil é o maior consumidor de Rivotril do mundo. Saiba como um calmante tarja preta tem sido usado para aplacar os sentimentos ruins de jovens, trabalhadores e donas de casa.* Disponível em: <http://super.abril.com.br/ciencia/nacao-rivotril>. Acesso em: 25 jul. 2015.

Leia também:

Accountability – A EVOLUÇÃO DA RESPONSABILIDADE SOCIAL

João Cordeiro

Neste livro você encontrará os principais conceitos de que precisa para conhecer definitivamente o verdadeiro significado da palavra Accountability. Vai aprender a distinguir claramente as três dimensões desse conceito: Accountability Governamental, Accountability Contábil e Accountability Pessoal.

Lerá argumentos para despertar a Accountability Pessoal que existe dentro de você – caso isso ainda não tenha acontecido – e ferramentas para implantar a Accountability no seu trabalho, transformando-o em protagonista e não em mero espectador passivo da vida corporativa.

Você poderá também ajudar outras pessoas a assumirem um papel proativo, em vez de agirem como vítimas das circunstâncias, culpando fornecedores, mercado, concorrentes e até colegas de trabalho.

O livro conta com leveza e, ao mesmo tempo, com profundidade fatos históricos sobre a evolução da responsabilidade na humanidade, ilustrando-os com exemplos curiosos do cotidiano das pessoas e casos reais do mundo corporativo. É o elo que faltava entre as estratégias de uma organização e sua execução, para dar a elas um sentido genuíno.

Contato com o autor
jcordeiro@editoraevora.com.br

Este livro foi impresso pela gráfica Assahí em papel *pólen bold* 90g